北京市教育委员会社科计划一般项目
城市产业用地集约利用布局评价与优化：基于北京市的实证研究（71E1610985）

路振华 著

规模 / 结构 / 强度 / 布局

产业用地集约利用评价与预警问题研究

基于快速城市化进程的背景

知识产权出版社
全国百佳图书出版单位

图书在版编目（CIP）数据

产业用地集约利用评价与预警问题研究：基于快速城市化进程的背景/路振华著. —北京：知识产权出版社，2017.7

ISBN 978-7-5130-4985-6

Ⅰ.①产… Ⅱ.①路… Ⅲ.①工业用地—土地评价—研究—中国 Ⅳ.①F429.9

中国版本图书馆 CIP 数据核字（2017）第 151924 号

内容提要

本书以城市化进程中最活跃的产业用地为研究对象，充分利用经济普查数据和土地调查数据，构建各类产业用地面积分摊模型；从规模、结构、强度、布局四个方面建设评价体系，进行适宜度评价；通过构建随经济发展水平变化的标准模型提高标准的通用性；同时提出产业用地集约利用预警模型，为未来产业用地指明方向。

责任编辑：张水华　　　　**责任出版**：刘译文

产业用地集约利用评价与预警问题研究

基于快速城市化进程的背景

路振华　著

出版发行：	知识产权出版社有限责任公司	**网　　址**：	http://www.ipph.cn
社　　址：	北京市海淀区西外太平庄 55 号	**邮　　编**：	100081
责编电话：	010-82000860 转 8389	**责编邮箱**：	miss.shuihua99@163.com
发行电话：	010-82000860 转 8101/8102	**发行传真**：	010-82000893/82005070/82000270
印　　刷：	北京科信印刷有限公司	**经　　销**：	各大网上书店、新华书店及相关专业书店
开　　本：	787mm×1092mm　1/16	**印　　张**：	11.25
版　　次：	2017 年 7 月第 1 版	**印　　次**：	2017 年 7 月第 1 次印刷
字　　数：	200 千字	**定　　价**：	42.00 元

ISBN 978-7-5130-4985-6

目　录

第一章　快速城市化进程下的产业用地集约利用问题 …………………… 1

1.1　城市化进程 ………………………………………………………… 1

1.1.1　城市与城市化 ………………………………………………… 1

1.1.2　中国城市化现状与发展趋势 ………………………………… 13

1.2　快速城市化进程与土地利用关联分析 …………………………… 16

1.2.1　城市化进程占用大量优质耕地资源 ………………………… 17

1.2.2　城市面积扩张快，但土地利用效率低 ……………………… 19

1.2.3　城市土地的不合理利用带来生态问题 ……………………… 21

1.3　快速城市化进程下的产业用地集约利用 ………………………… 22

1.3.1　快速城市化进程下的产业用地特点与问题 ………………… 23

1.3.2　未来城市产业用地发展面临的形势 ………………………… 25

1.4　快速城市化进程下的产业用地集约利用评价与预警问题研究 ……………………………………………………… 26

1.4.1　研究意义 ……………………………………………………… 26

1.4.2　研究目标与内容 ……………………………………………… 29

1.4.3　技术路线 ……………………………………………………… 31

第二章　相关概念、基础理论与研究进展 ……………………………… 32

2.1　概念界定 …………………………………………………………… 32

2.1.1　产业用地 ……………………………………………………… 32

2.1.2　集　约 ………………………………………………………… 32

2.1.3　产业用地集约利用 …………………………………………… 33

2.1.4 产业用地集约利用内涵与集约度 …… 33
2.1.5 产业用地集约利用评价 …… 34
2.1.6 产业用地集约利用预警 …… 34
2.1.7 产业用地集约利用评价与其他相关评价的区别与联系 … 34
2.2 基础理论 …… 36
2.2.1 可持续发展理论 …… 36
2.2.2 地租理论 …… 37
2.2.3 土地规模利用理论 …… 40
2.2.4 产业结构理论 …… 42
2.2.5 土地报酬递减规律 …… 44
2.2.6 区位理论 …… 47
2.3 国内外研究进展 …… 49
2.3.1 土地集约利用的相关研究 …… 49
2.3.2 城市产业用地集约利用评价研究 …… 52
2.3.3 城市产业用地集约利用预警研究 …… 65
第三章 产业用地面积分摊方法研究 …… 67
3.1 问题的提出 …… 67
3.2 产业用地类型划分及其面积分摊技术路线 …… 69
3.2.1 关于产业用地类型的划分 …… 69
3.2.2 面积分摊技术路线 …… 71
3.3 面积分摊与计算方法 …… 73
3.3.1 产业用地内部混合面积分摊方法 …… 74
3.3.2 产业与非产业用地混合面积分摊方法 …… 75
3.3.3 产业用地面积计算方法 …… 76
3.4 合肥市产业用地面积分摊实证分析 …… 77
3.4.1 研究区域概况 …… 77
3.4.2 基础数据 …… 78
3.4.3 推算分摊系数 …… 79

3.4.4 产业用地面积 …… 82
3.4.5 产业用地分布 …… 84
3.5 本章结论 …… 85
第四章 产业用地集约利用评价指标体系构建 …… 86
4.1 评价指标体系构建 …… 86
4.2 规模适宜度含义及评价指标 …… 90
4.3 结构适宜度含义及评价指标 …… 91
4.4 强度适宜度含义及评价指标 …… 92
4.5 布局适宜度含义及评价指标 …… 93
4.6 本章结论 …… 95
第五章 产业用地集约利用评价标准构建 …… 97
5.1 标准体系 …… 97
5.2 标准构建 …… 99
5.2.1 经济关联指标标准 …… 99
5.2.2 独立性指标标准 …… 106
5.2.3 空间关联指标标准 …… 107
5.3 与相关土地集约利用标准的比较 …… 108
5.4 本章结论 …… 109
第六章 产业用地集约利用评价模型构建 …… 110
6.1 评价模型构建思路 …… 110
6.2 模型构建 …… 111
6.2.1 计算评价指标标准 …… 111
6.2.2 单因素评价 …… 112
6.2.3 权重计算 …… 115
6.2.4 适宜度计算 …… 116
6.3 总体集约度计算 …… 117
6.4 评价结果表达 …… 117

6.5 本章结论 …… 118

第七章 产业用地集约利用预警研究 …… 119

7.1 预警指标体系构建 …… 120

7.2 预警标准构建 …… 120

7.2.1 经济关联指标 …… 120

7.2.2 独立指标 …… 120

7.2.3 空间关联指标 …… 121

7.3 预警模型构建 …… 121

7.4 预警结果表达 …… 121

7.5 本章结论 …… 122

第八章 实证研究 …… 123

8.1 数据获取与分析 …… 123

8.1.1 经济结构 …… 123

8.1.2 产业用地 …… 125

8.2 评价结果与分析 …… 128

8.2.1 评价结果 …… 128

8.2.2 评价结果分析 …… 129

8.3 预警结果与分析 …… 131

8.3.1 预警结果 …… 131

8.3.2 预警结果分析 …… 132

8.4 本章结论 …… 133

8.4.1 结 论 …… 133

8.4.2 政策建议 …… 134

第九章 结论与展望 …… 136

9.1 主要结论 …… 136

9.1.1 构建面积分摊模型、掌握各类产业用地面积 …… 137

9.1.2 构建城市产业用地集约利用评价与预警模型 …… 137

9.1.3 产业用地集约利用评价与预警实证研究 …… 138
9.2 创新点 …… 139
9.2.1 产业用地面积分摊模型 …… 139
9.2.2 规模、结构、强度、布局适宜度评价 …… 140
9.2.3 经济关联指标标准 …… 141
9.2.4 产业用地集约利用预警研究 …… 141
9.3 展 望 …… 142
参考文献 …… 144
附 图 …… 159

图目录

图 1－1　城市化进程曲线 …… 8
图 1－2　世界城市化水平发展现状与趋势 …… 11
图 1－3　不同国家城市化水平现状与趋势 …… 12
图 1－4　中国城市化发展进程 …… 13
图 1－5　2005—2009 年国有建设用地供应情况
（引自《2009 年中国国土资源公报》） …… 22
图 1－6　区域产业用地集约利用评价技术与预警路线图 …… 31
图 2－1　土地规模经济关系图 …… 41
图 2－2　报酬递减规律示意图 …… 45
图 2－3　城市土地利用空间分布图 …… 48
图 3－1　产业用地面积分摊技术路线图 …… 73
图 3－2　合肥市地理位置图 …… 77
图 4－1　城市产业用地集约利用评价的三级收敛指标体系 …… 87
图 4－2　合肥市工业发展适宜圈层图 …… 95
图 5－1　城市产业用地集约利用评价标准模型 …… 98
图 5－2　产业用地比例标准 …… 102
图 5－3　产业住宅用地比例标准 …… 103
图 5－4　三产二产用地比例标准 …… 104
图 5－5　单位产业用地产值标准 …… 104
图 5－6　全区域地均从业人员标准 …… 105
图 6－1　适度且存在理论最大值指标隶属度函数 …… 112

图 6 – 2　适度且不存在理论最大值指标隶属度函数 …………………… 113
图 6 – 3　正向必选指标隶属度函数 …………………………………………… 114
图 6 – 4　正向备选指标隶属度函数 …………………………………………… 114
图 8 – 1　合肥市各门类产业用地分摊面积 ……………………………… 127
附图（图 1 ~ 图 10） ……………………………………………………………… 159

表目录

表1－1　1998—2014年全国耕地面积动态汇总……………………… 18
表1－2　1997—2011年全国城市面积汇总数据……………………… 20
表2－1　产业用地、建设用地和开发区土地集约利用评价比较……… 35
表3－1　产业与产业用地对应关系表………………………………… 69
表3－2　合肥市制造业用地推算分摊系数表………………………… 79
表3－3　合肥市商业金融服务业用地推算分摊系数表……………… 80
表3－4　合肥市各门类产业用地分摊面积汇总表…………………… 82
表3－5　三次产业划分规定…………………………………………… 83
表3－6　合肥市制造业用地分摊面积表……………………………… 83
表3－7　合肥市商业金融服务业用地分摊面积表…………………… 84
表4－1　城市产业用地集约利用评价指标类型……………………… 89
表5－1　城市产业用地集约利用评价标准类型……………………… 98
表5－2　综合型城市样本名录 ……………………………………… 100
表5－3　经济关联指标标准 ………………………………………… 106
表5－4　独立性指标标准 …………………………………………… 107
表5－5　空间关联指标标准 ………………………………………… 108
表6－1　隶属度函数适用指标表 …………………………………… 115
表6－2　产业用地集约度评价结果等级表 ………………………… 117
表8－1　合肥市2008年地区生产总值分布表……………………… 123
表8－2　2008年合肥市制造业各大类产值表……………………… 124
表8－3　合肥市市辖区2008年各类建设用地面积比例表………… 126
表8－4　产业用地集约利用评价 …………………………………… 129
表8－5　合肥市产业用地集约评价值与预警值对比表 …………… 132

第一章　快速城市化进程下的产业用地集约利用问题

1.1　城市化进程

1.1.1　城市与城市化

1. 城　市

城市是一种伴随着人类社会生产力不断发展、社会分工不断细化而产生的聚居形态，是与村落相对应的一个概念。城市是人类不断改造原有的自然生态系统以适应人类自身生存与发展的产物，是人类社会不断前行的见证者，凝聚了大量的人类文明成果。

有关“城市”的概念内涵表述有很多，但至今还没有形成一个为各方所共同接受的定义。这与“城市”这一自然、社会综合体本身的复杂机制有着密切的关系，正是由于城市的构成要素、表现形态、功能作用、结构层次的复杂性决定了城市定义的内涵多元化（朱铁臻，2002）。

从经济学的角度来看，城市是一个各种生产、生活资料集中并有机结合的区域，通过更加精细的社会分工进行生产劳动，创造了远高于周围乡村的财富，同时改造着自然环境以适应人类集聚的各种需求。英国经济学家约翰·巴顿（John Barton）认为城市是在有限的空间区域内由各种市场要素共同作用构架成的复杂系统。

从社会学的角度来看，城市是第二、第三产业就业人口生产、生活的高度集聚区域，在这里人口密度更大、流动性更强、社会分工更细、协作更加紧密。美国社会学家、威奇塔大学的约翰·巴杜和约翰·哈特曼（Bardo J. W.，Hartman J. J.，1982）在他们合著的《城市社会学》中提出城市应具有以下特征：城市人口相当集聚、密度大；城市市场功能规范，相当部分人口从事专业非农生产；社会高度分工协作，每个人都是城市复杂系统的一部分，人与人之间通过法律和规章产生社会联系。

从地理学的角度来看，城市是第二、第三产业在空间上集聚的地理区域，也是第二、第三产业就业人口集中的地理区域。德国人文地理学家拉采尔（Ratzel Friedrich，1903）在其著作中指出，城市就是地理环境优越、交通便利，由一定数量的人口与房屋构成的集合体。法国地理学家潘什梅尔（Philippe Pinchemel，1980）曾这样描述："城市是一种景观、一片经济空间、一种人口密度；也是一个生产和生活中心；更具体地来说，城市也可能是一种气氛、一种特征或者一个灵魂。"

从建筑学与城市规划学的角度来看，城市是一个由各种工程建筑、街道、公共设施、地下系统等汇集而成的综合工程，力图营造一种适于人类非农生产、非农人口集聚生活的空间环境，城市的本质是一种生产、生活资料。基于以上，建筑学和城市规划学的主要任务是如何更好地调配城市这种生产、生活资料的各个组成部分，使其整体能够发挥出最大的效用，满足城市人口的各方面需求。

从系统学的角度来看，城市是一个以人为主的动态开放的地域系统，该系统通过空间调整，实现人口、经济、文化、信息的集约（杨立勋，1999）。美国学者刘易斯·芒福德（Lewis Mumford，2008）曾指出，城市不能简单地看作各种建筑机械的集合体，它应该是各种构成因素在功能、作用上相互影响、相辅相成的集合体；它不仅是物质形式的延续，更是文化归集与传播的载体。也正是从这个角度出发，他揭示了他认为的城市的本质，城市是人类的化身，其功能应该是关心人、陶冶人。

对于城市的内涵如何界定，马克思主义经典作家也有着著名的论述。马克思（1960）在其论著中指出，"城市和乡村的分离是物质劳动与精神劳动分工的一个最大成果。某一民族内部的分工，首先引起工商业劳动和农业劳动的分离，从而也引起城乡的分离和城乡利益的对立”。恩格斯（1960）进一步揭示了城市的本质特征，“城市本身表明了人口、生产工具、资本、享乐和需求的集中”。列宁（1959）认为，“城市是一定范围内政治、经济和人民精神活动的中心”。

通过以上论述，我们发现从不同的学科角度观察城市，会得到不一样的内涵界定，这一点也正印证了城市内涵多元性的特点。因此若要做出一个为各方面所普遍接受的城市的定义，应该是科学全面的。据此，我国著名城乡规划学家吴良镛院士（1996）对城市曾做出过以下定义：城市本身聚集了相当数量的人口，它具有一定地域范围内经济、政治、文化等各个不同方面中心的职能；城市各构成要素要求相对聚集并有机结合，以满足城市主体各个方面的需要，发挥城市特有功能；城市需要提供必要的基础设施，并营造良好的生态环境；城市是社会实体，应当根据共同的社会目标以及各个方面的不同需求，进行相应的协调运转；城市具有传承文化的功能，并使其绵延发展。从这个定义可以看出不同学科对于城市内涵的不同见解，通过兼收并蓄的方式达到了对城市内涵理解的统一。

虽然城市内涵有各种不同学科的解释、有不同的定义，但是通过以上的论述，我们发现了不同学科定义下城市的共同的一些基本特征，归纳总结有以下几点：

一是城市构成中人的主体性。人是社会历史进程的创造者，是一切人类活动的主体。城市这一社会历史产物也不例外，从过去到现在再到未来，无论城市发展到什么阶段，人都是城市的主体，城市的根本作用就是为了提高福利水平、满足人的生产生活的基本需求，满足人不断提高的物质文化和精神文化的需求。因此城市不仅是人的物质居所，也是人的精神家园。

二是城市的密集性。密集性是城市最重要的特征之一，对此马克思（1976）早在《资本论》中已明确阐释，“密集是城市最本质的特征”。城市的密集性可以体现在以下几个方面：①城市人口的密度较大，远大于乡村地区，且在一定条件下人口密度与城市规模呈现出正相关性。对于我国这样一个人均土地资源相对稀缺的发展中国家来讲，城市人口密度大的现象更加突出，2014 年世界城市人口密度排名，我国的上海位列第三，达到了 22991 人/平方公里，北京位列第八，达到了 19520 人/平方公里。而第六次全国人口普查的结果显示我国平均人口密度为 142 人/平方公里，由此可见城市人口的集聚作用远大于一般地区，城市人口密集性凸显。②物质与财富的密集性。资本在城市大量聚集，在精细化分工协作的基础上，创造出了在其他地域不可比拟的财富，同时人类劳动创造的巨大物质财富聚集沉淀在城市的每一寸土地上，各种物质资料无比丰富，工程建筑鳞次栉比。③文化的密集。城市中集聚了大量的党政机关、科研院所、大专院校、文化事业单位，并拥有良好的文化基础设施、体育设施、医疗设施等。因此，城市也承担着创造和传承人类文明的使命。

三是城市的高效性。相比非城市化地区，城市地区工作高效性的优势一目了然，这是因为城市地区社会分工更细，协作程度更高。为保证以上两者目标的达成，城市建有完善的基础设施、发达的交通管路、便捷的资讯手段、专业的管理团队等，保证整个城市复杂系统高效稳定运行。正是因为各种资源在城市集聚后的有机结合，城市系统的高效运转，加之城市受自然气候等因素干扰较少，因此相比农村地区，城市能取得更高的经济收益和社会效益。

四是城市的多元性。这是由城市的社会属性所决定的。城市复杂系统是由各类不同个体有机结合构成的，他们之间相互协调、配合就产生了城市多功能性、社会关系多样性和经济文化活动多样性（蔡孝箴，1998）。具体来说，城市作为一个经济综合体，需要肩负经济活动的生产、分配、交换、消费等功能；城市作为一个社会综合体，需要满足人的物质生活、政治生活、文化生活的多种需求。同时由于构成不同城市的地貌地形、气候、土壤、矿藏、水文、行政区划、人文条件、经济条件等诸多要素的不同，使得城市在发展方向以及主导功能上的选择不同，也因此产生了不同类型的城市，形成了不同城市的特色。

五是城市经济的非农性。区别于乡村，城市的功能和作用决定了城市经济属性，城市主要承担着发展国民经济第二、第三产业的任务，它是一个以发展工业、商业、现代服务业、交通运输业等为主的地区，这也是与乡村地区最明显的社会大分工的结果。对应的土地利用类型上也有着显著的差异性，在很多时候，城市的边界范围也多是以非农用地类型来界定和衡量的（许学强，2009）。基于城市经济的非农性，城市人口类型也以非农人口为主体。

以上是城市的一些主要特征，除此之外城市还具有一些其他显著特征，如城市的动态性，城市是随生产力水平发展而不断变化的，符合事物发展的一般规律，同时受到诸如规模、空间、人口数量、生态环境等各种具体影响因素的制约，因此城市一直处于动态的发展变化中。城市还具有系统性，城市是一个多种要素构成的复杂系统，各种要素的合理配置，不同要素间的协调合作共同决定了城市功能的发挥，同时城市作为开放系统与外界其他系统还时刻进行着人员、财力、物力、信息等的动态交互。限于篇幅，城市的其他特征这里不再一一赘述。

2. 城市化

有记载的人类社会最早产生的城市迄今已有五千多年的历史，随着当时农业生产力水平的提高，农产品数量极大丰富，能够满足本区域的基本需求，剩余的农产品生产力为城市的产生提供了必要的物质基础；随着当时社会分工进程不断加剧，手工业劳动者从农业生产者中细化剥离出来，逐渐形成第二、第三产业的雏形，为城市的产生提供了必要的经济基础；随着当时农业生产技术革新、生产效率不断提升，产生了大量农村剩余劳动力，为城市的产生提供了必要的人口基础。综合以上原因，城市的产生成为历史的必然，可以说城市是人类社会生产力水平发展到一定阶段的产物，是人类文明汇聚、积累到一定程度的结晶。

当各种内在、外在条件都已具备，农村向城市的过渡自然发生，这个过程就是城市化（Urbanization）。最早提出城市化这个概念的是西班牙学者艾·塞埃达（A·Serda），他在1867年发表了著作《城市化的基本理论》，其中指出城市化的实质是工业的发展导致人口在空间上由农村向城市转移的过程，是农业劳动者在身份上向非农业劳动者转变的过程，是土地利用类型由农业用地向非农业地转化的过程。通过以上表述我们发现城市化既是一个复杂的过程，也是一种社会现象。与“城市”的概念一样，从不同的学科角度下审视“城市化”会有不同的结论，所以很难有一个为各方所共同接受的定义。但可以将各方观点归纳总结，城市化主要包含以下几点特征：

首先，城市化是一个人口的城市化过程。人是历史的创造者，也是社会历史进程的主要参与者。城市化的过程主要是人口的迁移过程，即从农村人口向城市人口转变的过程（姜爱林，2001）。城市人口是衡量城市化进程的重要指标，通过农村人口向城市人口迁移，提升城市人口的现有数量，以此提升城市人口占国内总人口的比例，实现城市化转变（杨重光，1990）。随着农业生产技术的不断进步、生产效率的不断提高，农村产生了大量的剩余劳动力，这部分剩余劳动力在地域上向城市不断集中，逐步为城市第二、第三产业的发展形成了可能，为城市化进程奠定了人口基础。需要特别指出的是，城市化这一过程是社会历史发展的客观进程，是不以人的意志为转移的。出于某种需要，人为地把农民“赶进”城市，赋予他们城市身份，实现快速城市化的做法是危险的（季晓莉，2010）。

其次，城市化是一个经济非农产业化过程。在这一过程中，原本分散的非农产业、非农资本、非农市场不断向城市聚集，城市的经济活动、生产方式和产业结构呈现出明显的非农化特征。同时伴随着社会分工的不断细化，第二、第三产业得到迅猛发展，技术、人才、原料等各种要素在市场机制下实现有机调配，城市内部空间得到合理运用（向德平，1994），城市化的程度不断提升，由集聚产生的规模经济效益凸显、生产效率提高，随之城市规模不断扩大、城市数量不断增加。经济非农产业化与城市化是一个互相促进的过程。

再次，城市化是一个地域非农有机化过程。土地利用方式的变化是城市化的一个显著特点。以往的土地利用方式以农用地为主，配合城市化进程的非农产业发展的需要，城市土地利用方式以建设用地为主，主要为工业用地、商业服务业用地、住宅用地等类型，各种城市用地类型有机配合形成一个复杂的城市综合体，与之对应的土地利用景观也发生了根本转变。在空间上，原有的分散的农业土地利用类型逐渐集中，发展成高密度的城市土地利用类型。

最后，城市化是一个行为方式与思维方式转变的过程。在城市化进程中，人的身份、职业、角色与定位发生了根本变化，这对人的行为方式和思维方式产生重要影响，具体来说会改善人的生产、生活、沟通、交流、竞争、合作等行为方式和人的素质、观念、意识、思想、道德等思维方式。在此基础上，城市中人的价值观、人与人的关系、人与社会的关系、上层建筑中通过法制与规则建立的社会秩序，都会发生深刻的变革。更进一步，人类的文化与文明，也将在城市化进程中不断变革、丰富，并发展扩散到其他地域。

衡量城市化发展程度的指标是“城市化水平”，其核心还是依据其主要内涵，即根据城市人口占总人口的比重来确定城市化水平，计算方法也简单。但是在实际操作中具有一定的局限性，如不同国家、不同地区设立城市的标准不同，导致城市人口统计数量会产生差异；还有一些突发的政治、社会、环境因素影响，导致城市人口在短时间内发生非线性变化，也影响最终结果。所以，现在世界各国大多采用非农业人口占总人口比重来确定城市化水平，虽然仍是将人口数量作为统计依据，但它是客观地按照人口的生产方式、就业类型作为分类标准的，摆脱了人为赋予城市市民身份的主观随意性，因此也更能科学全面地反映出一个城市真实的城市化水平。具体公式表达如下：

$$Y=\frac{F}{Z}=\frac{Z-N}{Z}$$

其中 Y 表示城市化水平，Z 表示总人口，N 表示农业人口，F 表示非农人口。

同时，城市化水平也可以从各种土地利用类型所占比例进行判断。具体来说，一般采用城市建成区的土地面积占本区域土地总面积的比重进行测度，客观上衡量了该区域城市的开发利用进程，这里不再一一详述。

3. 城市化进程的客观规律与模式

不同国家、不同时间的城市化进程与发展速度各有不同，但城市化发展还是有一定规律可循的。美国城市地理学家诺瑟姆（Ray. M. Northam）以城市人口占总人口比重为研究指标，以诸多西方发达国家城市化发展现状和趋势为样本数据，进行分析得到城市化发展过程曲线，即“S”形曲线（也称诺瑟姆曲线），并发表在1979年的《经济地理》一书中，如图1－1所示。诺瑟姆认为城市化进程在时间上可以分为3个阶段，即图中横轴所示的时间t，纵轴表示城市化水平Y，以城市人口占总人口的比重来衡量，那么城市化水平Y与发展时间t之间存在如下函数关系，其中Ce代表城市化开始时间，r代表城市化速度。

$$Y=1/\ (1+Ce-rt)$$

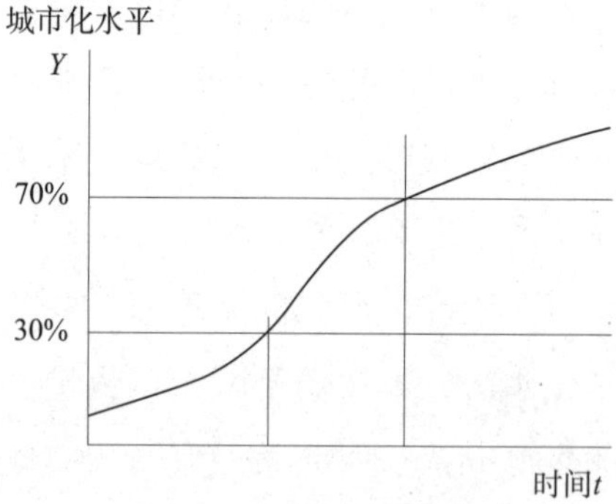

图1－1　城市化进程曲线

当城市化水平低于30%时，表示城市化水平处于初级阶段。在这一阶段，城市化进程发展水平十分缓慢，农业在经济发展中仍处于主导地位，科技水平落后导致农业生产效率低下，农业生产力水平有限，需要通过大量的劳动力获得有限的农产品，农业人口在社会中处于绝对多数地位，剩余劳动力严重不足。这个时期的非农产业主要是轻纺业等手工业，工业发展也处于初级阶段，对城市化推动不足，反而农业因为自身发展的部分需求成为城市化缓慢发展的推动力。

当城市化水平达到30%以上，并未超过70%时，表示城市化水平处于中级阶段，城市化进程呈现出加速状态。此时的农业生产水平不断提升，效率提高的同时产生大量的农村剩余劳动力。与此同时，城市的工业发展处于扩张期，主导产业多是钢铁、煤炭、化工、机械等劳动力密集型的重工业，也需要大量的劳动力维持运营，这在客观上为农村剩余劳动力进入城市就业创造了条件，而为这些产业工人配套的生产、生活设施也需要大量的服务人员。因此在这一阶段，大量的人口逐渐向城市聚集，城市化水平进入快速增长期。

当城市化水平达到70%以上时，表示城市化水平处于高级阶段，城市化进程呈现出减缓状态。此时，经历了城市快速发展期后，城市劳动力相对过剩，伴随出现住房紧张、环境污染、交通拥堵等“城市病”。城市主导产业已由劳动力密集型产业逐渐过渡到技术密集型、资本密集型产业，对劳动力人口的需求减弱，甚至是减少，部分劳动力向第三产业转移，而第三产业此时迅速发展，成为解决城市化进程人口就业的主力。随着公共交通条件的改善，城市人口和产业迁往附近或更远的卫星城、小城镇，导致城市化进程放缓、停滞，甚至是一定程度的倒退。

从全世界各国的发展历程来看，大体可以归纳总结出两种不同的城市化发展模式。

首先是典型的城市化发展模式。工业的蓬勃发展是这种城市化发展模式的根本驱动因素。依托工业革命带来技术上的飞速发展，打破了原有资本和劳动力对土地的依附，使其可以按照对效益的追求，从农村自由流动到城市，为城市化的快速发展提供了可能。城市工业及配套的第三产业发展带来大量的劳动人口需求，为城乡人口流动提供了条件。随着人口的快速城市化，实现了城市化水平不断提升。这种城市化模式是依靠工业的发展逐渐积累各方面条件逐步实现的，工业发展吸引了大量人口进入城市，与此同时，第三产业快速发展，这些人口的生活、休憩、教育、医疗等需求得到满足，城市基础设置不断完善，各种要素均能按照市场规律客观配置，人为干预较少。由于城市化的聚集效应，可以吸附各类要素在城市周围有限半径内，反而能够更好地保护耕地资源实现农业规模发展，更好地保护农业生产，因此，城市化进程与农业产业化实现均衡发展。多数发达国家均是按照这种模式实现城市化进程的。

其次是非典型城市化发展模式。不同于前者，非典型城市化发展模式的驱动因素并非工业化大发展，并非是对剩余价值追求而产生的经济因素驱动，而是更多地表现为政治因素驱动。往往处于计划经济思维，人为地干预城市化进程。一方面，采用行政命令、行政划拨等手段，短时间内将大量的人力、财力、物力投向计划指定的区域，实现该区域城市化爆发式发展。但由于短期内该区域产业基础不牢，城市基础设施不健全，行政管理政策与方式不适应，最终会造成城市化与产业发展脱节，城市化后期发展缓慢。同时大量人口按照行政计划涌入城市，但与之相应的生活、休憩、城市服务等设施难以配套，造成“子女上学难”“看病难”等社会现象突出，“贫民窟”“城中村”“棚户区”等城市“阴暗区”大量存在。另一方面，人为地设置城乡二元结构，配套相应的户籍制度，限制人口在城市和农村间的自由流动，导致一些非计划内发展的城市，缺乏城市化自然发展所需的大量剩余劳动力，城市化进程举步维艰。

4. 世界城市化水平发展现状与趋势

根据周一星（1995）、邹德慈（2002）、郭志仪和李娟（2008）提供的数据分析汇总，得到1800—2005年世界城市化水平发展现状，并根据纪良纲和陈晓永（2005）对2025年左右世界城市化水平的预测结论，综合绘制出图1－2。

根据城市化发展过程的诺瑟姆曲线，对应图1－2来看，世界城市化进程总体处于不断加速中。从工业革命以来，城市化进程拉开序幕，长期处于初期阶段，缓慢增长。从1800—1950年用了一个半世纪的时间，世界城市化水平大约只提高了25%，平均每年的增长率约为0.17%。1950年世界城市化水平达到30%，可以认为是诺瑟姆曲线的第一阶段与第二阶段的分界点。1950年之后，世界城市化进程进入中级阶段，呈现出加速增长的状态。以1950—2005年的数据为例，经历了55年的发展时间，世界城市化水平提高了约20%，平均每年的发展速度为0.36%，是初级阶段发展速度的2倍多。

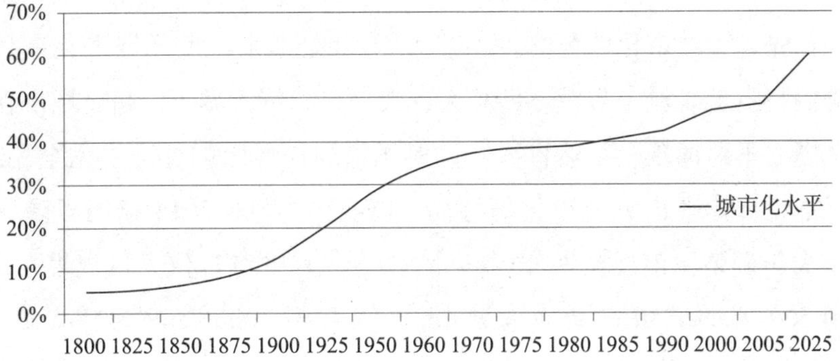

图1-2　世界城市化水平发展现状与趋势

这里需要特别说明的是，这一阶段的快速发展主要得益于发展中国家城市化进程的快速崛起。根据联合国经济和社会事务部（Department of Economic and Social Affairs）发布的《世界城市化展望2003》报告数据显示，1950—2005年大多数发展中国家城市化进程不断加快，而发达国家城市化进程已经逐步进入了高级阶段，城市化水平提升缓慢，如图1-3所示。这一时期发展中国家城市人口增长了近5.5倍，而发达国家这一数据增长远小于发展中国家。根据预测，2025年世界城市化水平将达到60%左右，所以世界城市化进程尤其是发展中国家城市化进程正处于并将长期处于快速发展的中期阶段。

在以上发展现状与趋势的基础上，当今世界城市化进程还呈现出一些鲜明的特点。

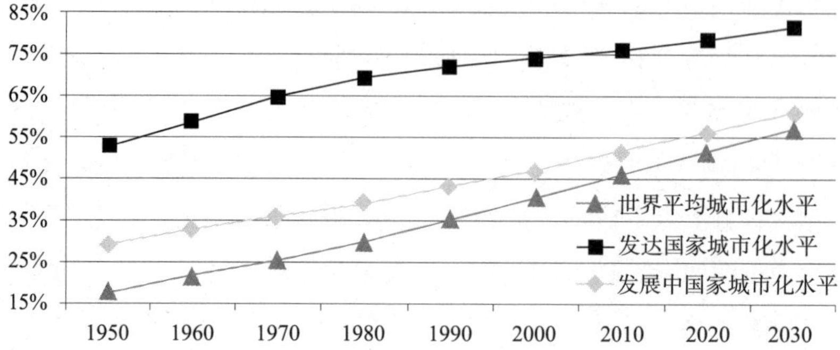

图1－3　不同国家城市化水平现状与趋势

首先，大城市化趋势明显。进入21世纪以来，世界城市化进程最显著的特点就是城市规模不断扩大，大城市、特大城市、超级城市在世界范围内不断涌现。虽然世界各国对城市规模界定的标准不完全一致，但标准也都体现出大城市化的特征。以我国为例，2014年国务院颁布了《关于调整城市规模划分标准的通知》，其中将常住人口规模在100万到500万的城市定义为大城市，500万到1000万的为特大城市，1000万以上的为超大城市。而根据第6次人口普查结果，仅我国就有超大城市6个，特大城市10个，大城市124个。放眼世界范围，纽约在1930年成为第一个超大城市，1950年东京成为第二个，之后呈现出明显的加速趋势，2000年超大城市有18个，2015年增加到22个，而且还有人口突破2000万的城市。与此同时，大城市人口数量占城市总人口的比重也在不断增加，从1975年的46.7%增加到2015年的49.2%（周一星，2009）。

其次，城市群、城市带快速兴起。在特大城市、超大城市快速涌现的同时，也带来一定的问题，交通拥堵、通勤时间长、城市内各项成本过高，已经出现过度集约、规模不经济现象，资源在市场的调配下，自发的向大城市周边的卫星城、城镇迁移，形成城市群、城市带、都市圈，如我国的长三角、珠三角、京津冀城市群等，美国的纽约、华盛顿、费城大城市带，日本的东京、名古屋、大阪都市圈等。

最后，逆城市化现象出现。逆城市化（Counter Urbanization）是由于超大城市、特大城市人口过多，带来的交通拥堵、环境污染、配套设施不足、犯罪率增长、心理压力增大等问题，城市人口开始逐步向城郊或者农村地区迁移，造成城市人口负增长的现象。该现象最早出现在发达国家，21 世纪以来，我国的一些中心城市，逆城市化趋势也开始愈发显著。逆城市化现象之所以能够产生，一是由于中心城市难以负担现有数量人口的各种基本需求，二是工业化、信息化的高度发展、技术的不断进步对于经济活动空间要求的降低，使逆城市化成为可能。

1.1.2 中国城市化现状与发展趋势

1. 中国城市化历史与现状

我国的城市化进程从 1949 年新中国成立以来，走过了 60 多年的时间，期间经历了很多艰辛的发展时期，如何界定和划分这些阶段，不同的学者持有不同的观点（姜爱林，2002）。但不同的划分方法中相同的一点，都是将 1978 年作为一个重要的分界点。根据《中国统计年鉴 2015》中的人口数据，绘制出中国城市化发展进程图，如图 1－4 所示。

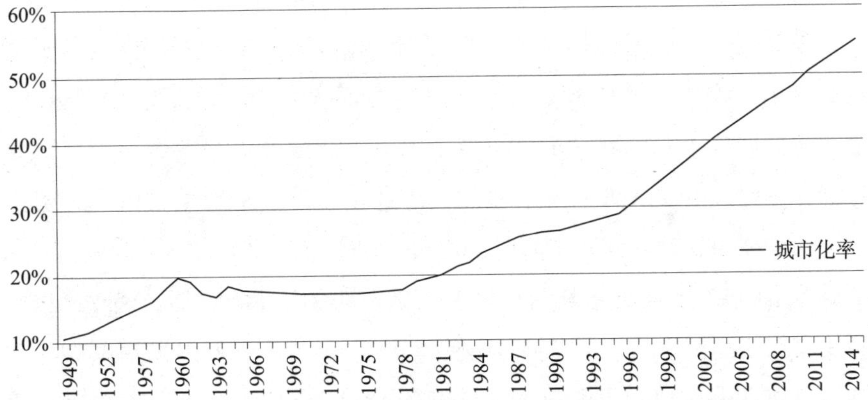

图 1－4 中国城市化发展进程

从新中国成立到1978年的近30年时间，我国的城市化进程总体特征可以概括为低速的缓慢发展期。这其中1949—1957年可以认为是城市化的起步阶段，从战争中逐渐恢复的国民经济为城市化开端奠定了基础。通过行政和计划的方式，以工业化为主要任务的第一个五年计划的实施和完成极大地推进了城市化进程，从图中也可以看到这一时期的城市化进程较快。从1958—1965年进入了城市化发展的剧烈动荡期，由于对社会历史发展进程认识上的不足，我国实行了“大跃进”和“人民公社化”的经济发展政策，实行了违背市场规律的快速工业化路线，与之相应的是大量的人口涌向城市，造成城市化率由1958年的16.25%快速提升至1960年的19.75%，年均增长1.75%。违背发展规律的恶果在1961年开始显现，我国进入了困难时期，大批工业项目停建产生大量城市剩余劳动力，为解决基本的生存问题，通过行政命令将其迁回农村，于是出现了目前为止中国城市化进程中唯一的一次非正常“逆城市化”，最低时降到了1963年的16.84%，年均降幅1.46%，总结这段时间城市化进程的特点就是大起大落。从1966年到改革开放的10多年，我国城市化停滞不前，“文化大革命”的爆发将我国刚刚起步的城市化进程之路彻底堵死，这期间城市化率年均增长仅为0.06%。

随着党的十一届三中全会的召开，重新确立了以经济建设为中心的社会主义现代化建设基本路线，我国城市化进程近20年的停滞与倒退期终于结束。各种政策红利集中释放，一方面大量知青和下放干部返城，另一方面城乡间人口流动及落户城市政策逐步放开，我国城市人口逐步增加；同时经济发展带来的工业化、信息化建设不断增强城市人口吸引力，拉动城市化进入到起步阶段，1978—1995年，城市化水平从17.92%提升至29.04%，年均增长约0.65%。随着邓小平南方谈话，确立了以社会主义市场经济为核心，坚持四项基本原则和改革开放的发展路线，我国经济建设进入到世界瞩目的20年黄金发展期，城市化进程也不断提速。1996年我国城市化水平达到30.48%，正式步入到中期快速发展阶段。从1996年至今，我国经济连续保持快速增长，城市建设不断提速，具体表现在城市数量增加、城市规模扩大，大城市、特大城市不断涌现，全国城市人口比重快速上升，至2014年我国城市人口达到7.49亿，城市化率54.77%，这期间城市化水平年均增长1.35%，且增速稳定，发展强劲。

2. 中国城市化未来发展趋势

未来的20年，是我国重要的战略发展机遇期，在信息化、网络化、新型城镇化建设的推动下，中国经济将会保持快速稳定增长（王放，2000）。国家十三五规划重点提出，从宏观战略上不断推动主体功能区布局，加快城市群建设和发展，增强中心城市辐射带动功能，加快发展中小城市和特色镇，规划期末全国城市化率达到60%。根据诺瑟姆曲线，在达到70%之前，城市化进程也将保持快速增加。但增长速度会有一定的放缓。原因主要有以下几个方面：

首先是在全球经济从危机中缓慢复苏的大背景下，我国经济发展增速回落，工业3.0建设处于探索阶段，这些将会对城市化进程产生直接影响。

其次，我国正处于经济转型发展期，劳动力密集型产业正在向技术密集型和资本密集型产业快速转型，这种转型发展对于劳动力的需求锐减，导致短时间内城市人口增速放缓甚至下降。只有大力发展现代服务业，努力提升第三产业在国民经济中的比重，吸纳大量就业人口，才能保持城市化进程的稳定，这也是未来发展的重点和难点。

最后，我国城市化快速发展的20年，是以城市摊大饼式的粗放发展方式实现的。原有城市布局不够合理，为了避免旧城改造昂贵的拆迁费用，大多选择征用城市周边的耕地和基本农田新建各种项目，从而不断扩大城市规模和范围。随着近些年优质土地资源锐减，社会各方面逐渐认识到土地资源的稀缺性，耕地保护上升到基本国策的高度，原有的城市化方式难以为继，对于城市化进程会产生一定的影响，但从长远看，城市化的质量会不断提升。

1.2 快速城市化进程与土地利用关联分析

一个地区的快速城市化需要各种条件在方方面面得到强有力支撑才能够实现，包括经济发展水平、人口、资源、科技、生态环境、人文传统等，这其中就包括土地资源。土地是一种自然资源，同时又带有与生俱来的社会属性，它是一个自然与经济的综合体，其最重要的功能就是承载和养育。承载功能（supporting capacity function of land）是指陆地上一切自然物存在与发展的基地和场所，人类社会的一切生产与生活活动都是在土地的承载功能上实现的，城市的产生和城市化进程的推进当然也离不开土地的支撑。城市化需要大量地理位置优越、地形平坦、集中连片的土地作为支撑。并且在城市化进程的初期和中期，城市发展需要越来越多的土地支撑其各项功能，具体表现为城市范围不断扩大的粗放型发展模式，即在土地利用效率没有大幅提高的基础上实现城市化水平的不断提升。养育功能（bearing or productive function of land）是指土地蕴含了大量的自然资源，为人类社会提供各种生产、生活的必需品，养育着人类。如从土地中能够开采出各种矿产品、燃料资源、建筑材料等，为城市建设提供了物质基础和生产资料。土地是重要的生态环境要素，对城市的选址和发展有重要影响。土地的养育功能还重点表现在其可耕力上，作为“母体”的土地为农作物的生长发育提供着所需的各种条件，而土地上产出的各种农产品成为人类生存的根基，可以说土地是大自然赐予人类最珍贵的礼物，同时人类从土地耕作中的收获远大于本身的付出，正如威廉·配第所言“劳动是财富之父，土地是财富之母”。所以，作为土地资源精华的耕地为人类、为城市化进程提供着最基本、也是最重要的生存基础。

城市化进程的迅猛发展、城市化率的不断提升，在其粗放发展阶段时，需要源源不断地投入大量的各种资源，尤其是土地资源，因此城市化进程与土地利用活动互相关联，主要表现为以下几个方面。

1.2.1 城市化进程占用大量优质耕地资源

耕地是人类赖以生存的物质基础，是各种土地资源之中的精华。优质耕地除了对土壤的肥沃程度要求较高之外，对于地理位置、交通条件、平整程度都有严格的要求。城市化进程中城市的选址，以及伴随城市发展的城市面积扩张，对土地条件的要求也都不外乎是以上几点。因此在城市化初期，城市迅猛发展的同时往往伴随着耕地面积的快速减少。根据历年国土资源公报数据统计分析，得到1998—2014年全国耕地面积动态汇总表。从表中数据可以得到，1996年我国进入到城市化中级阶段后，耕地资源数量快速减少，具体表现为1998—2014年的17年间，全国耕地面积减少总和为1473.89万公顷，平均每年减少耕地86.70万公顷，相当于总共减少了1个辽宁省的面积，每年减少了1个上海市的面积。耕地面积减少的主要原因是建设占用、生态退耕、农业结构调整和灾毁耕地。从表1-1中数据可以看到，建设占用耕地面积累计为323.44万公顷，占到耕地面积减少总额的22%左右，虽然比重不是很大，但建设占用的耕地，都是城市周边地理位置十分优越、交通便利、土壤肥沃、集中连片，通过长年耕作和建设形成的高质量耕地与高标准基本农田，因此对于我国自给自足的粮食供应政策会产生较大的不利影响。随着对于耕地面积减少引发的粮食安全问题的重视，耕地保护工作地位不断提升，保护力度不断加大，1998年新修订的《土地管理法》中明确规定“十分珍惜、合理利用每一寸土地、切实保护耕地”，并上升到基本国策的高度，突显其重要性和紧迫性。同时为切实落实这一工作，国务院办公厅于2005年下发《省级政府耕地保护责任目标考核办法》（以下简称《办法》），《办法》明确规定，各省、自治区、直辖市人民政府的省长、主席、市长为第一责任人，对本行政辖区内的耕地保有量和基本农田保护面积负责，并在规划期内进行考核，对耕地保护工作开展不力的进行问责。并为坚决落实此项工作，于2006年建立国家土地督察制度。对比表1-1中数据，1998—2005年，耕地面积减少了1091.02万公顷，平均每年减少

136.38 公顷，而落实了严格的耕地保护制度之后，2006—2014 年，耕地面积减少了 382.87 万公顷，平均每年减少 42.54 万公顷，耕地保护工作效果初显。

表 1-1　1998—2014 年全国耕地面积动态汇总

年份	新增耕地面积（万公顷）	耕地减少总计（万公顷）	建设占用（万公顷）	净减少（万公顷）
1998	30.94	57.04	17.62	26.10
1999	40.51	84.17	20.53	43.66
2000	60.37	156.60	16.33	96.24
2001	26.59	89.33	16.37	62.73
2002	34.12	202.74	19.65	168.62
2003	34.35	288.09	22.91	253.74
2004	34.56	114.6	14.51	80.03
2005	62.29	98.45	21.21	36.16
2006	71.98	102.66	25.85	30.68
2007	30.00	34.07	18.83	4.07
2008	22.96	24.89	19.16	1.93
2009	31.38	23.20	—	-8.18
2010	31.49	42.90	21.19	11.41
2011	37.73	40.68	25.30	2.95
2012	32.18	40.2	25.94	8.02
2013	35.96	35.47	21.96	-0.49
2014	28.07	38.80	16.08	10.73
总计	645.48	1473.89	323.44	828.40
平均	37.97	86.70	20.22	48.73

需要说明的是，城市化进程占用大量耕地资源主要发生在初期、中期阶段，主要是通过扩大城市面积，吸纳更多就业人口以此提升城市化水平，这种城市化属于粗放型发展模式。但随着城市化进程的深入，逐渐转向内涵型发展模式，通过城市内部挖潜，提升城市土地利用率，在保证适宜度的情况下将人均城市用地面积下调到合理的水平。同时随着城市文明的发展，科技进步和生活方式的转变，城市总体布局更加合理，

城市土地利用由二维平面转向三维空间，因此城市化对耕地需求的压力会大大缓解。

1.2.2 城市面积扩张快，但土地利用效率低

城市化进程的初期与中期阶段，随着经济的发展、人口的增加，城市面积会不断扩大，因此占用城市周边耕地不可避免。如果从经济角度分析土地利用类型的变化，由农用地类型转化为建设用地类型，单位面积的土地产出效益将会有很大的提升，在合理利用的前提下，实现城市土地利用效益的最大化，这就是城市化进程中土地利用的基本要求，也是城市化的根本目标之一。但现实情况是，城市占用耕地规模不断增加、范围不断扩大，但是城市土地利用效率偏低。

一方面，伴随着经济发展和城市化进程，城市规模不断扩大。政府通过行政手段不断调整行政区划，扩大城市总面积，特别是市辖区面积。通过查阅中国城市统计年鉴（1998—2012），汇总该时期内全国城市面积数据（见表1－2），可以看出，1997年全国城市市辖区面积为349679平方公里，而到了2011年该数据是643371平方公里，15年间几乎增加了一倍，年均增幅为5.59%。市辖区是国家法定的有行政区划范围和代码的城市主体城区，但市辖区土地利用类型中可能还有非建设用地类型，如耕地、林地等，而建成区是指行政区划内通过征用的土地与切实发展建设起来的城市生产建设用地，在土地利用类型上只能是建设用地，因此通过城市建成区能更好地反映出城市建设用地面积的变化情况。从表1－2可以看出，1997年全国城市建成区面积为13613平方公里，而到了2011年该数据是37162平方公里，增幅为173%，年均增幅为11.53%，远高于市辖区面积增幅，因此也反映出城市规模不断扩大的真实情况。造成城市规模不断扩大的主要原因是城市的粗放型发展模式，只重视数量、忽略质量，认为城市化就是城市人口增加、面积变大，而忽略了城市这个复杂系统内部的经济效益、社会效益、环境效益的互相统一，导致无法产生规模效应。同时在城市化过程中，地方政府为避免

旧城改造时成本高企，往往会选择征用郊区的廉价土地，也直接导致了城市“摊大饼”式的发展，各种新区、开发区鳞次栉比，最后造成土地城市化速度快于人口城市化速度的“怪相”。

表 1－2　1997—2011 年全国城市面积汇总数据

年份	全国城市总面积（平方公里）	全国城市市辖区面积（平方公里）	全国城市建成区面积（平方公里）
1997	2839077	349679	13613
1998	2930866	362730	14658
1999	3142726	385661	14906
2000	3565584	441225	16221
2001	3954744	489421	17605
2002	4403702	544840	19844
2003	4665126	565104	21926
2004	4693005	585003	23943
2005	4692935	594270	24529
2006	4690726	611997	26180
2007	4730044	621728	27587
2008	4704209	626361	29402
2009	4711828	628034	30138
2010	4714347	628573	31766
2011	4762347	643371	37162

另一方面，我国城市土地利用效率偏低。在城市土地面积不断扩张的大背景下，城市土地的利用效率却整体偏低，与我国人多地少的基本国情不匹配。国土资源部咨询研究中心在 2004 年就曾指出，我国的城市人均建设用地水平已达到 133 平方米，而同时期发达国家此项指标为人均 82.4 平方米，发展中国家为 83.3 平方米，我国现状水平是以上数据的 156%，而同时期的中国香港城市人均建设用地水平为 30 平方米左右。随着对此问题的逐步重视，2015 年发布的国家标准《城市用地分类与规划建设用地标准》（GB50137－2011）对规划人均城市建设用地标准进行了修订，从原有的人均 60～120 平方米调整到人均 65～115 平方米。2014

年 3 月国务院印发了《国家新型城镇化规划（2014—2020 年）》，其中明确指出城市发展要以密度较高、功能混用和公交导向的集约紧凑型开发模式成为主导，人均城市建设用地严格控制在 100 平方米以内，建成区人口密度逐步提高。而与此同时，我国的城市土地集约利用水平较低。国土资源部于 2004 年年底发出《关于开展全国城镇存量建设用地情况专项调查工作的紧急通知》，在全国范围内全面查清城镇存量建设用地的基本情况。调查结果显示（李闽，姜海，2008），全国城镇规划范围内存量建设用地共有 395.61 万亩，相当于当时城镇建设用地总量的 7.8%，具体包括闲置土地 107.93 万亩、空闲土地 84.24 万亩和批而未供土地 203.44 万亩，通过估算我国城镇土地将至少有 40% 的潜力可挖掘，每年可以少占耕地约 60%。除此之外，已有城市建设用地的建筑密度与容积率水平偏低，单位城市建设用地面积产出水平有限，远未达到城市土地集约利用的基本要求。

1.2.3 城市土地的不合理利用带来生态问题

城市土地本身也是城市生态系统的重要组成部分，因此城市土地能否合理利用将直接决定城市生态系统对人类的适宜程度。遗憾的是在过去长时间的城市化进程中，人们总是片面强调经济的快速发展、城市化率的不断提升，而这一基本原理往往被忽视，因此各种城市生态环境问题层出不穷。伴随着城市的大拆大建，各种自然生态系统逐渐消失，原始的森林、草场、河流被钢筋混凝土建筑所取代，城市的绿色景观只是作为点缀象征性地在城市零星散布，原有的生态净化机制被破坏，城市生态不断恶化，并最终威胁到人类的生产和生活。造成这样的结果，一方面是因为城市布局缺乏合理性与长远性，中心城区空间布局混乱，各种城市功能都混杂在这里，带有污染性质的工矿企业布局在城市中心与政府、医院、学校、住宅等混杂在一起的例子不胜枚举。同时生活休憩、道路交通等基础设施不配套或空间错配。而城市郊区土地不断被征用，原有的农用地被开发为建设土地，适宜人类生存的生态平衡被打破，为城市提供生态支撑的要素越来越少。另一方面，受经济发展水平制约的产业结构也给城市生态环境带来一定程度的影响。城市化初期和中期主要通过工业化发展带动城市化进程，造成工业用地规模偏大，工业用地面积占城市建设用地面积的比重平均达到了27.5%，而同期主要发达国家这一数字一般为15%左右。同时每年的城市国有建设用地供应计划也向工业用地类型倾斜，根据《2009年中国国土资源公报》显示，当年全国建设用地供应31.9万公顷，而工矿仓储用地占到1/3以上，并且这一数据在2005—2009年处于比较稳定的高位水平（如图1-5所示）。工业用地的优先供应代表着商服、金融、住宅、园林绿化等用地类型供应的减少，能够维系生态平衡的用地类型规模不断消减，因此城市产业结构的落后也会带来城市生态环境水平的下降，并最终带来一系列的城市生态问题。

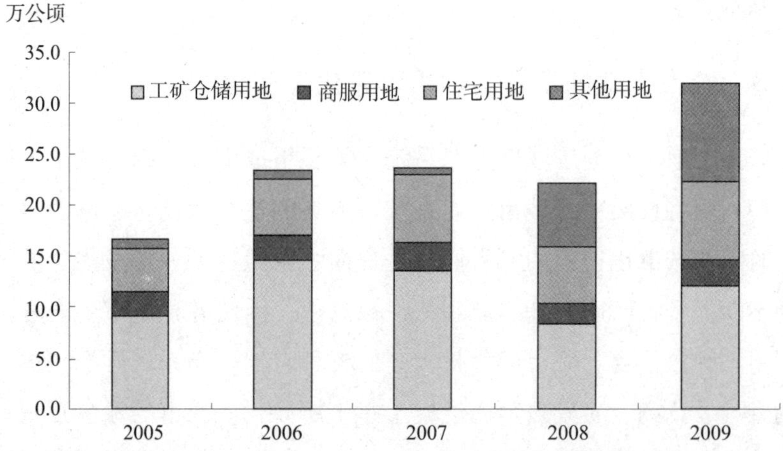

图1-5 2005—2009年国有建设用地供应情况（引自《2009年中国国土资源公报》）

1.3 快速城市化进程下的产业用地集约利用

20世纪90年代以来我国经济社会长足发展，城市化建设、工业化建设取得显著成就。但与此同时各种建设对土地的需求与日俱增，21世纪初的十余年间，全国城市建成区面积增加了1万多平方公里，而同时期因为建设占用导致耕地面积缩减1亿多亩，土地供需矛盾不断加剧。现今土地问题已经逐渐成为影响我国经济发展与社会和谐的主要问题。

城市产业用地是市辖区范围内国民经济行业分类中规定的各类产业所使用的土地，它是城市建设用地的精华，承载着城市重要的社会生产活动。随着我国经济社会发展全面步入转型时期，节约集约用地逐渐成为建设节约型社会的主要内容之一，通过城市产业用地高效、集约、可持续利用，大力提升产业用地集约利用水平。而产业用地作为城市内部经济活动最活跃的用地类型，在产业用地规模不断扩大的同时，土地粗放利用的问题也突显出来，低效利用、闲置浪费现象普遍存在，主要表现在以下几个方面。

1.3.1 快速城市化进程下的产业用地特点与问题

产业用地是土地与产业类型相对应的一种分类方式，产业用地类型决定于土地上从事生产经营活动的产业单位类型。本研究以城市区域为研究对象，故不考虑第一产业用地，那么本研究的产业用地主要是城市范围内的第二产业用地与第三产业用地，包括工矿业用地、商业金融服务业用地等。土地调查结果显示，2010年全国城市化地区产业用地面积为216万公顷，约占城镇建设用地面积的1/3，基于产业用地创造的第二、第三产业产值占国内生产总值的89.8%，由此可见产业用地在城镇建设用地中的重要地位。在我国经济社会高速发展的背景下，产业用地现状具有一定的特点和问题，概述如下。

1. 规模无序扩张

改革开放以来，我国以优惠的政策和低廉的成本吸引了大批外商投资，产业规模逐步扩大。21世纪以来全球经济贸易一体化程度不断提高，制造业的实体生产部门由发达国家向我国转移步伐加快，随之而来的是产业规模和产业用地规模的急剧扩大（Yeh and Wu，1996）。根据土地调查资料，1997年我国建设用地规模为2918.04万公顷，到2005年我国建设用地规模增加到3192.24万公顷，8年间建设用地规模增加了274万公顷。而且在规模快速增长的过程中，城镇工矿用地面积的比重不断提高，从1996年的25%逐渐增加到了2005年的30%，产业用地规模无序扩张。

产生这种情况的原因很大程度上和我们粗放的发展方式有关，我国城镇“摊大饼”一样的扩张方式，以及国有土地使用权协议或划拨的出让方式是产生这类问题的根源（何芳和肖宗仁，2008）。这类问题在我国广大地方普遍存在，从地方政府的角度考虑，为了本地区产业能够更好的发展，都希望有足够的产业用地规模和权限，但地方政府的期望往往与客观实际不符（邹璇等，2006）。一方面，每年新增大量各类产业用地，使产业用地规模不断地扩大；另一方面，历年存量产业用地使用效率较低、利用结构不合理、闲置浪费现象严重，甚至囤地事件屡有发生。

2. 布局混乱，重复建设

改革开放以来，我国城市建设不断加快，但缺乏统一连贯的规划与计划，城市中心大都是行政单位用地、科教文卫用地、住宅用地和原有的高污染、高能耗、低效益的工业用地，城市黄金区域的土地利用价值被大大压抑（陈燕，2005），造成长期的优地劣用现象，甚至是圈而不用的现象（欧名豪，2000）。在大的区域范围内，各省之间、各地市之间缺乏统一的规划与配合，在经济利益的刺激下，盲目跟风、重复建设，造成经济浪费的同时，也使大量的产业用地闲置、低效以及粗放利用（陈基伟，2010）。

3. 集约利用水平低

产业用地规模的无序扩张和布局混乱、利用不合理，势必降低产业用地的集约利用水平。集约利用水平较低一方面表现在城市土地闲置浪费严重，城市土地资源配置不合理（邵华等，1999）。根据土地调查资料显示，我国城市闲置土地面积有4%～5%，低效利用状态的土地面积约占40%左右（李建功，1999）。另一方面，我国人均建设用地数量远远大于其他国家水平，造成建设用地浪费，集约水平较低。以2002年为例，其他发达国家与发展中国家的人均建设用地面积分别为 82.4 平方米和 83.3 平方米，同时期我国城镇的人均建设用地面积达到 130 平方米，超过我国国家标准的 50% 还多，集约利用水平很低（倪杰，2006），具体表现在建设用地的建筑密度和容积率较低，单位面积土地的投入与产出不高。

4. 占用耕地比例大

2006 年，我国的耕地面积为 18.27 亿亩，居世界第 4 位，但人均耕地面积只有 1.39 亩，居世界第 126 位，仅为世界平均水平的 40%。但在这样紧迫的形势下，每年我国耕地面积仍然减少较快，主要是由建设占用导致的。1997—2006 年，全国累计因建设占用导致耕地减少约 2746 万亩，年均建设占用耕地 305 万亩。造成这一问题的原因是，相对于费用巨大的旧城改造，征用城郊耕地成本较低，且无须与相关单位过多协调（石频，2007）。

1.3.2 未来城市产业用地发展面临的形势

1. 产业用地规模仍将快速增加

随着我国经济社会发展全面步入转型时期，各级政府和部门高度重视土地的节约集约利用问题，先后出台相关文件，促使土地节约集约利用的倒逼机制形成，以此控制建设用地规模的扩张，同时还要保持国民经济稳定增长。但是，经济发展、城市建设对土地的刚性需求依然强烈。调整土地利用模式需要一个过程，不是一朝一夕能够完成，需要一段时间。原有城市闲置用地、低效利用土地可以通过各种方式盘活，提高利用效率，但是盘活工作进展较慢，难以满足现有的土地需求。综合以上各方面情况判断，在未来一段时间内，还需要大量的新增产业用地来保持经济的稳定发展（罗罡辉等，2012），因此产业用地规模仍将不断增加。

2. 产业用地节约集约利用是保障产业用地供给的主要途径

随着我国经济社会转型发展的深入，原有的“摊大饼”式的城市发展模式已经难以为继。但经济发展对土地的需求并没有减缓。所以在这种情况下，只有通过提高产业用地集约利用效率和利用水平，对现有建设用地挖潜、盘活存量建设用地、优化用地结构和布局，才能真正缓解当前土地的供需矛盾（何芳，2003），才能真正促进节约集约用地倒逼机制的形成，才能真正促进产业结构升级转型，从而转变经济发展方式。因此，提高产业用地集约利用水平，有利于实现既保障经济发展、又保护资源环境的目标。

1.4 快速城市化进程下的产业用地集约利用评价与预警问题研究

1.4.1 研究意义

当前节约集约用地逐渐成为建设节约型社会的主要内容，为适应建设节约型社会的要求，国土资源部（2008 年）颁布实施了《工业项目建设用地控制指标》，对促进全国工业用地的节约集约利用建设发挥了极其重要的作用。2010 年，为推进建设用地节约集约利用和科学管理，住房和城乡建设部推出《城市用地分类与规划建设用地标准（GB50137－2011)》。随着土地管理事业的进一步发展，对建设用地的节约集约利用提出了新的业务需求和要求，节约集约不应只是资金的投入、用地强度的大小，更应该体现出其用地规模、结构、布局与强度的同时同步节约集约。在我国处于着力转变经济增长方式、大力调整和优化产业结构的历史时期，以实现城市产业用地可持续利用、大力提升产业用地集约利用水平为目的，开展城市产业用地集约利用评价与预警研究，是具有重要现实意义的。

1. 从研究目的上看，本研究具有以下意义。

（1）促进城市产业用地集约节约利用

一方面，土地是人类最基本的生产资料，人类的所有生产经营活动都是建立在土地承载的基础上。随着经济发展和城市化进程的加快，人类对土地资源的需求量也不断加大。根据土地部门资料分析，1997 年我国建设用地规模为 2918.04 万公顷，到 2005 年我国建设用地规模增加到 3192.24 万公顷，8 年间建设用地规模增加了 274 万公顷。平均每年增加 31 万公顷。未来我国城市化进程还将进一步加快，通过预测 2020 年我国城市化水平将会达到 58%，比 2010 年的 48% 提高 10 个百分点（袁锋等，2011）。伴随着快速的城市化进程，需要越来越多的土地资源支撑经济社会的迅猛发展，根据《全国土地利用总体规划纲要（2006—2020 年）》，全国建设用地总规模 14 年间规划增加 531.76 万公顷，平均每年增加 38 万公顷，土地需求呈现出明显的上升趋势。

另一方面，适合人类从事生产经营活动的土地资源是有限的，人类既要保证发展建设对土地的需要，又要坚决保护耕地资源、改善生存环境。在这种人地矛盾进一步激化的社会背景下，土地集约节约利用成为解决当前问题的重要方法和手段，也成为国家政策关注的热点。

产业用地是城市建设用地的精华，承载了城市发展中人类最主要的经济和社会活动。工业化、城市化的快速发展对产业用地有着巨大的需求量，同时也对产业用地的使用强度、布局与结构有着重要影响。各种产业所使用的土地是城市土地利用变化中表现最活跃的部分，因此产业用地的集约节约利用矛盾也最突出。尤其在当前经济增长方式转型的重要时期，更要协调好产业结构调整转型、优化升级与土地资源集约节约利用的关系。

但是，由于现行土地分类与产业类型划分缺乏有效衔接，不能实现产业与用地的一一对应，导致产业用地基础数据缺乏，这也使得现有研究多集中于城镇建设用地、工矿业用地、商业用地、金融服务业用地、开发区用地等类型的集约利用上，而以产业用地集约利用评价为主要研究内容的成果及政策文件缺乏（路振华等，2013）。

（2）保护耕地数量、确保粮食安全

实现产业用地集约节约利用可以减少对耕地的占用量，确保粮食安全。土地天然的稀缺属性决定了在社会发展建设中，必然会占用一定数量的耕地用于产业开发，特别是城市郊区这种地理位置优越而且集中连片的优质耕地资源。粮食是人类生存所必需的物质基础，一定数量的粮食必须由一定数量的耕地生产做保证，同时根据目前我国所处的国际环境，保证粮食的安全对国家来讲具有相当重要的战略意义。因此只有保证一定数量的耕地资源才能保证我国粮食安全。粮食安全是人类从事所有其他经济、社会活动的物质基础。产业用地集约节约利用，不但可以有效地提高用地效率，使各类产业用地合理、集约、紧凑利用，而且可以控制城市肆意的扩张，尽量减少产业发展过程中新增产业用地对优质耕资源地的占用。保证一定规模的耕地资源，对于确保我国粮食安全具有重大意义。

（3）促进社会经济、环境和谐发展

实现产业用地集约节约利用是保护区域自然生态环境，实现经济社会生态、生产、生活和谐发展的重要举措。无论是粗放的产业用地利用，还是过度的产业用地利用，都有可能造成重大生态环境问题。而产业用地集约节约利用的过程本身是优化各种产业生产投入要素配置的过程，要在提高产业用地利用效率和经济效益的同时，保证对周边环境的影响降到最低。这样既可以实现延缓和控制产业用地外延式扩张的目的，也可以在高产出的同时，实现与外部生态环境协调发展，真正实现经济效益、社会效益和环境效益“三效”统一发展，促进社会、经济、生态协调一致。

2. 从研究方法和技术手段上看，通过本研究可以实现以下目标：

（1）建立产业用地集约利用评价体系

现有研究多以城镇建设用地、工业用地、开发区土地集约利用研究为主，专门针对产业用地的研究非常少，本研究以产业用地综合数据库为基础，构建城市化地区产业用地集约利用评价指标体系、评价标准与评价模型，从规模适宜度、结构适宜度、强度适宜度和空间布局适宜度这四个方面，研究评价区域产业用地集约利用水平，建立了系统完整的产业用地集约利用评价体系。

（2）提出有针对性的产业用地集约利用对策措施

将评价对象数据代入产业用地集约利用评价体系，得到评价结果。分析评价对象产业用地在规模、结构、利用强度、空间布局方面存在的问题及原因，并针对问题提出基于区域的宏观对策，为实现产业用地集约节约利用提供决策依据。

（3）丰富建设用地集约利用评价内容

20 世纪 90 年代以来，关于建设用地的集约利用评价逐渐成为学术研究的热点（国土资源部规划司，2002），我国以往的土地集约利用评价将研究对象多集中于城镇建设用地、工矿业用地、商业用地、金融服务业用地以及开发区用地等用地类型，对城市内部经济活动最为活跃的产业用地缺乏专门研究，本书将研究对象设定为城市产业用地，扩充了建设用地集约利用评价的体系。以城镇地籍数据为基础，充分应用经济普查数据、人口普查数据、遥感影像数据等多种信息源数据，从规模、结构、利用强度和布局四个方面构建评价指标体系，丰富了基础数据类型和评价指标类型。并建立随经济发展水平提高而变化的动态集约利用评价标准，提高了本研究的适用性，进一步丰富了建设用地集约节约利用的研究内容。

1.4.2 研究目标与内容

本研究以产业用地综合数据库为基础，应用面积分摊计算方法，得到各种类型产业用地面积、结构和产业用地分布图；从规模、结构、强度和布局四个适宜度构建城市区域产业用地集约利用评价与预警的指标体系；同时制订随经济发展水平提升而变化的经济关联型指标、独立型指标和空间关联型指标标准，提高标准的适用性；通过隶属度函数进行单因素评价，通过相对权重模型进行适宜度评价和总体集约度评价，构建整体的集约利用评价模型。以合肥市为实证对象，开展区域产业用地集约利用评价和预警研究，找到现在和将来制约合肥市产业用地集约利用的问题，并提出针对性建议，为经济结构转型、产业结构调整提供决策参考。

本书的主要研究内容有以下几个方面：

1. 产业用地面积分摊计算方法研究

针对现有土地分类与国民经济行业分类缺乏有效衔接，无法准确掌握城市各类第二、第三产业用地类型、面积与分布的问题，研究切实可行的产业用地面积分摊计算方法，得到与国民经济行业分类相衔接的各类型产业用地面积与分布，同时绘制各种类型产业用地现状布局图。

2. 评价指标体系构建

基于产业经济学的一般原理，从影响产业用地集约利用的规模、结构、强度和布局四个方面构建三级收敛的评价指标体系，每个方面都含有具体不同的评价指标。

3. 评价标准构建

针对经济关联型指标、独立型指标和空间关联型指标的不同特点，采用统计分析法、经验法或是参考已有研究成果，制订不同经济发展水平下都具有广泛适用性的标准。

4. 评价与预警模型构建

使用各种数学模型构建城市区域产业用地集约利用评价与预警模型，通过该模型，产业用地现状数据、指标体系和评价标准能够形成一个统一整体。经过因素层、指示层和结果层运算得到产业用地总体集约度。

5. 实证研究与对策建议

进行实证研究，将合肥市原始数据带入面积分摊模型、评价模型中，并进行相应的模型运算，得到评价和预警结果。根据评价和预警结果，分析产业用地集约利用水平及其影响因素，找到现在和将来制约合肥市产业用地集约利用的因素，并提出针对性建议。

1.4.3 技术路线

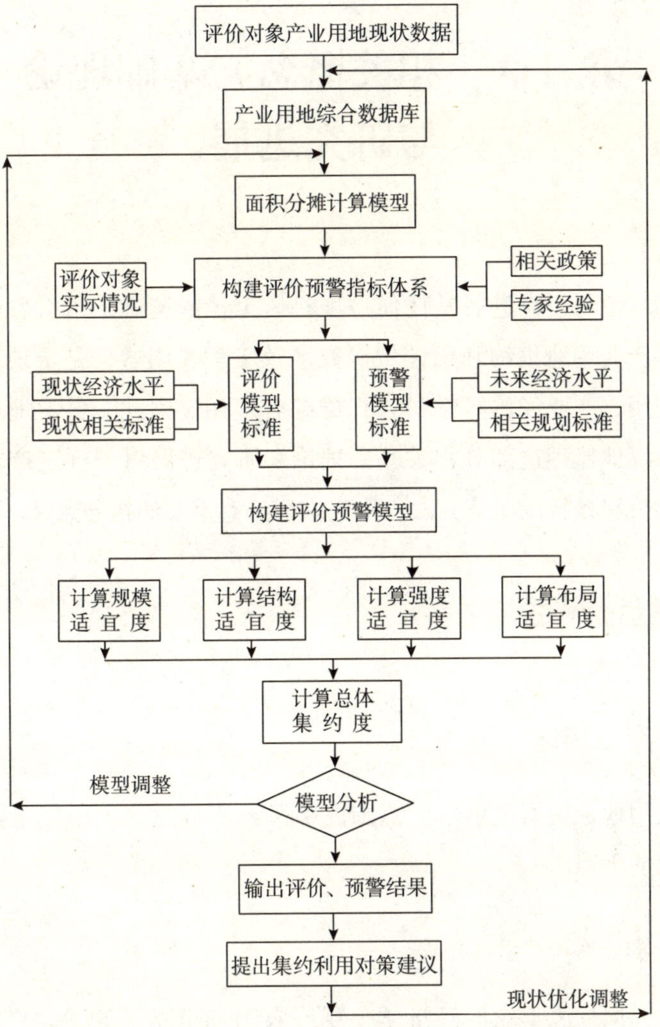

图1-6 区域产业用地集约利用评价技术与预警路线图

第二章　相关概念、基础理论与研究进展

基础理论与研究进展是任何一项科研工作的基础，指引着研究工作的方向。产业用地集约利用评价研究涉及多学科内容，是土地管理、集约节约利用、产业经济等学科知识的综合应用。因此，科学地界定研究概念、系统地梳理这部分相关基础理论和研究进展对于确定产业用地集约利用评价和预警的研究方法、研究内容等有重要的指导意义。

2.1　概念界定

2.1.1　产业用地

产业用地是指城市市辖区范围内国民经济行业分类中规定的各类产业所使用的土地。

2.1.2　集　约

集约一词来源于农业经济学，夏征农和陈至立（2009）在《辞海》一书中阐述为，通过对单位面积农用地连续投入生产资料和劳动力，采用先进的耕作技术、管理手段，提高单位面积的农产品产量。在集约的概念引入到社会其他领域后，其含义精练为，通过不断增加投入要素以实现提高产出的目的。本研究中，集约是指通过对生产要素的高投入实现高产出的合理利用形态。

2.1.3 产业用地集约利用

土地集约利用的概念最早来源于对农业用地的研究，18 世纪后期到 19 世纪初期在研究农业地租问题时，David Ricardo、Ann Robert Jacques Turgot、James Anderson 和 Edward West 等发现由于土地集约利用才产生了级差地租。在对古典经济学地租理论批判、继承的基础上，马克思提出级差地租Ⅰ与级差地租Ⅱ理论，进一步明确集约利用的含义：将资本集中地投入在同一块土地上，就是耕作集约化。以此为基础，《中国大百科全书》（1988）对农业土地的集约利用给出了明确的定义。

在前人研究的基础上本书将集约利用的概念扩展到城市第二、第三产业用地上。产业用地集约利用，是指在单位面积的城市第二、第三产业用地上，连续不断地投入资本和生产要素，使用代表本时代平均水平的生产技术和管理方式，目的是在单位产业用地面积上获得较高的第二、第三产业产值。

2.1.4 产业用地集约利用内涵与集约度

当前我国产业用地集约利用的评价正处于起步阶段，相关研究成果较之其他类型的土地集约利用评价较少。对于城市产业用地集约利用内涵的界定，可以借鉴城市建设用地、工业用地、开发区用地等比较成熟的土地集约利用概念得出：在单位面积的城市产业用地上，连续不断地投入资本和生产要素，使用代表本时代先进水平的生产技术和管理方式，目的是在单位产业用地面积上获得较高的产值。

根据产业用地集约利用的内涵界定，将城市产业用地的评价结果称为该城市产业用地的集约度，产业用地集约度就是指单位面积产业用地上劳动、资金、技术、物质等投入的密集程度。产业用地集约利用状态是一个动态的、相对的概念，产业用地集约度也是一个相对值。产业用地集约利用的动态性和相对性，主要表现为它随自身的用途（产业用途、土地利用类型等）、所在区域的经济发展水平与发展目标、当地习俗、毗邻土地利用状态和用途、选择用途（Substitute）等因素的变化而改变。一般来说，当地习俗具有相对稳定性，在文化传统差异不大的范围内，这种影响可以不予考虑。

2.1.5 产业用地集约利用评价

产业用地集约利用评价是指通过对产业用地集约度的影响因素进行分析，并以此计算产业用地集约度。评价的主要过程包括：确定评价对象和评价范围；建立产业用地集约利用评价的指标体系；根据实际情况，建立适合评价对象的评价标准模型；建立适宜的评价模型，进行实证研究，将评价对象代入模型，计算集约度，分析影响集约度的主要因素。

评价一般是针对现状的评价，本书中主要是针对一定的基期年（如2008年）的产业用地利用现状进行评价。

2.1.6 产业用地集约利用预警

产业用地集约利用预警是对未来产业用地利用中不集约的情况及早发出警报。产业用地集约利用的标准是随着经济发展水平的变化而变化的，随着经济发展水平的提高，产业用地利用越来越集约，产业用地集约利用的标准也随着提高。一些现状利用水平达到集约的产业用地，在未来一定时期，由于经济发展水平提高，标准也随之提高，如果土地利用状况没有随着经济发展水平的提高而相应地得到改善，就会导致土地利用不集约的风险。预警的目的，就是要及时发现产业用地在将来一定时期其用地规模、结构、利用强度和布局的不集约现象，并依据预警结果采取相应的措施防止不集约现象的出现。

2.1.7 产业用地集约利用评价与其他相关评价的区别与联系

产业用地是一个相对较新的概念，已有的研究多集中在城镇建设用地、开发区用地等方面，相应地国家在这些方面颁布了相关的评价规程，如国土资源部颁布的《建设用地节约集约利用评价规程》（TD 1018－2008）、《开发区土地集约利用评价规程》（TD 1029－2010）等。产业用地集约利用评价充分吸取以上研究成果，与以上规程既有联系又有区别，见表2－1。

表2－1　产业用地、建设用地和开发区土地集约利用评价比较

类型	评价范围	评价层次	评价对象	评价单元	评价内容
产业用地	市辖区	宏观	第二、三产业用地	市辖区	规模、结构、布局、强度
建设用地	区域用地状况评价：行政区范围内的全部建设用地。 城市用地状况评价与潜力测算：城市建成区	宏观	区域用地状况评价：行政区范围内的全部建设用地。 城市用地状况评价：划分的城市功能区，如工业区、商业区、教育区和居住区。 城市用地潜力测算：在城市用地状况评价中判定为中低利用区域的城市功能区	区域用地状况评价：行政区。 城市用地状况评价：各种功能区。 城市用地潜力测算：在城市用地状况评价中判定为中低利用区域的城市功能区	强度
开发区土地	以开发区边界为评价范围	宏观	评价对象为经国务院或省、自治区、直辖市人民政府依法审批的开发区界限范围内的全部土地。	每一个开发区为一个评价单元	强度

通过表2－1可以发现，本研究的特点主要体现在：（1）评价对象集中在市辖区范围内的第二、第三产业用地，而且可以深入对具体不同门类的产业用地进行评价；（2）在评价内容和方法上，突出产业发展的特点，从规模、结构、布局、强度等多个方面进行评价，而不是仅仅从利用强度方面进行评价。

2.2 基础理论

2.2.1 可持续发展理论

可持续发展思想起源于20世纪六七十年代，与当时世界各国经济长期高速发展相伴而来的是世界范围内的各种资源遭到掠夺式开发，环境受到严重污染和破坏，人口快速增长导致全球粮食危机，人类的生存和发展面临着严峻的考验，人们不得不寻找全新的发展理念和与之对应的发展模式与方向，可持续发展思想由此产生。经过十余年的发展逐渐成熟，1987年联合国环境与发展委员会（World Commission on Environment and Development）在《我们共同的未来》（Our Common Future）报告中发布了可持续发展宣言，将其阐述为：在满足当代人需求的情况下，又不会对后代人的发展构成威胁（Brundtland，1987）。这一概念得到世界各国的广泛认可。可持续发展思想首先要求我们必须发展，因为发展是解决所有问题的根本办法。发展是人类永恒的主题，只有通过发展，才能满足当代人和后代人的需求，才能在发展中解决资源、环境、人口等一系列问题。其次是协调发展，经济发展不能以牺牲环境为代价，要求经济、社会、生态多方面共同促进，达到整体效益的最大化。最后发展是以资源、环境和社会为约束条件的，发展要考虑到有限的资源、环境在不同国家、地区、几代人之间的合理分配（Asheim，1994；Walker，1981）。

土地作为重要的自然资源，为人类提供了生产与承载功能，但土地资源数量是有限的，随着人口的不断增加、污染和破坏的不断加剧，土地资源和其他资源也面临着相同的问题。在这样的背景下，由印度农业研究委员会、美国农业部和美国Rodaie研究组于1990年在首次国际土地资源可持续利用研究会上提出了土地资源的可持续利用思想。由于土地研究领域广泛，内容丰富，众多专家学者对土地可持续利用表达了不同的观点，进行了不同方面的研究。农用地可持续利用是土地可持续研究的热点，Barr 和 Cary（1992）针对澳大利亚农业生产中存在的土壤盐渍化、水土流失、土壤酸化和板结等土地问题，试图从欧洲解决农业土地利用问题的案例中寻求农业土地可持续利用的方法。Young（1989）提出，在保护土壤资源永久生产力的前提下，要想土地上获得最好的产量就是土地资源的可持续利用。Hart 和 Sands（1991）也以可持续性为重点，强调持续满足未来需求的能力。在城市土地可持续利用方面，Rees 和 Wackernagel（1996）指出城市生态足迹是解决城市可持续发展的切入点。我国学者也做了大量研究，董藩（2010）认为土地资源的可持续利用包含存在形式、土地生产力、生态环境和经济效益四个方面的永续性；刘书楷和曲福田（2004）认为土地资源的可持续利用就是对土地的开发、利用、整治、保护和管理进行合理组织、科学使用，达到人、地关系协调的程度，满足当代与未来发展的需要。这一观点也为学术界普遍接受。

土地资源可持续利用理论要求合理利用土地资源，实现社会效益、经济效益、生态效益协调发展，达到“三效”统一的目的，而土地集约利用是实现这一目的的重要方式和途径。由此可以看出，土地资源可持续利用是土地集约利用的指导思想（顾湘，2007），是推进土地集约利用的根本原因和根本目的。土地集约利用就是使各种土地资源合理分配、合理使用，在社会、经济、生态协调发展的基础上，满足当代发展对土地的需要，实现土地综合效益的最大化，同时保持其持久的供给能力，满足未来发展的需求。因此，本研究是在城市快速扩张、城市建设用地供不应求的背景下，以土地资源可持续利用理论为指导思想，以土地集约利用为方式和途径，通过对产业用地进行集约利用评价和预警，发现当前和未来产业用地利用中存在的不集约问题，并提出针对性措施和建议，在社会、经济、生态效益协调发展的基础上，实现区域土地利用综合效益的最大化，满足当前和未来产业发展对土地的需求。

2.2.2 地租理论

因为地租理论揭示了土地集约利用的内在机制（顾湘，2007），所以地租理论是本研究重要的理论基础。由于地租在社会生活中长期以来普遍存在，而且作用日趋显著，因此针对地租问题的研究由来已久。17世纪后期，资产阶级古典政治经济学创始人、英国经济学家 William Petty 最早发现地租的存在，并在其著作《赋税与捐赠论》（A Treatise of Taxes and Contributions）中指出，地租就是土地上农作物生产所得的剩余收入，并由于土地沃度、生产水平和与距离市场的不同，而导致地租的差异（Petty，1679）。在此基础上，他进一步提出了地租与土地价格的关系，即土地价格是一定年限地租总和的资本化。他的研究为地租理论的提出做出开创性成果。随后 Adam Smith 在其著作《国民财富的性质和原因的研究》（An Inquiry into the Nature and Causes of the Wealth of Nations）中建立了古典政治经济学的理论体系（Smith，2006），将工人、资本家和地主阶级作为资本主义的3个社会结构，与之对应的有工资、利润和地租3种收入，认为地租是因为使用土地而需要支付给地主的代价，并且认为工人阶级的无偿劳动是地租的来源。David Ricardo 在前人研究的基础上，最后完成了差额地租理论（Ricardian theory of differential rent），奠定了资产阶级古典政治经济学的基础。他在《政治经济学与赋税原理》（The principles of political economy and taxation）一书中表述（Ricardo，1819），地租是因为使用地主的土地，而需要付给地主的生产品，是在土地上劳动所获得剩余价值的一部分。他认为土地资源的有限性和沃度、位置差异是地租产生的两个必要条件，并指出农产品价格决定于劣等地的生产条件。Johann Heinrich von Thünen 也是差额地租论者，但和前人侧重点不同，他在著作《孤立国同农业和国民经济的关系》（Isolated state）中阐明，地租的产生是由于土地的位置不同所产生的，并由此提出区位论（Von Thünen，1966）。新古典经济学派以 Alfred Marshall 为代表，认为地租的作用是一种分配工具，能够按照租金高低把土地分配给不同的使用者，地租的价格是由供给和需求两方共同决定的（Marshall，1890）。马克思批判地继承了前人的研究成果，提出了绝对地租和级差地租。绝对地租是因土地的所有权而产生的地租，是土地生产者因为使用地主的土地所必须缴纳的部分剩余价值，是地主无偿占用劳动成果的表现形式。级差地租是因为土地自然条件和连续投入劳动、资本的不同而形成的地租，分为级差地租Ⅰ和级差地租Ⅱ两种形式。级差地租Ⅰ产生于两种情况：一种是将等量的资本和劳动投入到不同肥沃程度的土地上，产生不同的劳动生产率和农产品量。由于是劣等地的生产价格决定农产品的社会生产价格，所以优等、中等地的农产品出售价格中就会出现高于平均利润的超额利润。这部分级差地租Ⅰ被土地所有者占有。另一种是由于土地的位置不同，因为距离市场远近不同而产生运费上的差别。当距离市场最远的个别农产品生产价格决定社会农产品生产价格时，距市场较近的土地获得超额利润，这部分高于平均利润的超额利润就转化为地租，也就是级差地租Ⅰ。级差地租Ⅱ是资本和劳动源源不断地投入到同一土地上产生不同的劳动生产效率所带来的超额利润。级差地租Ⅰ强调等量资本和劳动投入到不同肥沃程度或区位的土地所带来的超额利润，级差地租Ⅱ则强调由于对同一块土地连续追加投入但因劳动生产率不同而形成不同的超额利润。

在马克思地租理论的指导下，在市场经济条件下，只要存在土地所有权的垄断，只要存在土地所有权与土地使用权的分离，就必然会产生绝对地租，并且绝对地租是客观存在的，一切产业用地不论好坏，其使用者都必须因使用土地而向土地所有者交纳绝对地租。绝对地租是产业用地地租的重要形式，由于土地资源具有的稀缺性，因此在产业活动中，绝对地租可以作为一种经济杠杆，对产业用地节约利用具有重要的指导作用。首先，从城市土地管理者的角度考虑，可以通过提高绝对地租，促进城市产业用地使用者提高土地利用效率，杜绝闲置、浪费甚至是圈地现象的出现，也可以避免不同区域间为招商引资恶性竞争而出现的优地贱卖现象，达到节约利用的目的；其次，从城市土地使用者的角度考虑，绝对地租是因为使用土地而必须缴纳的，不能避免，但可以通过减少租用土地面积的方式来减少绝对地租缴纳的数量，这样客观上也有利于节约用地目的的达成。

级差地租是因为土地自然条件和连续投入劳动、资本的不同而形成的地租。级差地租为促进产业用地集约利用提供重要理论指导。土地的沃度和区位差异是级差地租Ⅰ产生的基础，作为城市土地管理者可以考虑将不同区位的土地划分为不同的等级，不同的等级设置相应不同的准入标准，达不到投入、产出标准的企业，不准供地，客观上促使企业集约用地。级差地租Ⅱ是由于劳动和资本在土地上连续投入客观上改变了土地沃度和土地区位所形成的地租，作为城市土地管理者可以考虑加快基础设施建设，增加道路通达率，客观上改变土地的区位，促进土地集约利用。对于城市土地使用者，可以通过增加劳动和投入，集约化使用土地来提高自己的劳动生产率，以降低个别产品生产价格，这样也有利于土地集约利用局面的形成。综上所述，地租理论对产业用地节约集约利用有着巨大的指导和推动作用。

2.2.3 土地规模利用理论

日常生产活动中，每个相对独立的产业单位、经营实体生产所使用土地面积的量，称为土地利用规模，该指标可以反映土地生产要素的集中程度。从经济学知识可知，当某项生产活动所有的生产要素都以相同的比例增加或减少，称为严格意义上的纯粹规模变动。由纯粹规模变动引发的产业单位、经营实体的经济效益变化称为规模报酬（毕宝德，2006）。但在日常生活中，所有的生产要素都以相同的比例增加或减少的情况较少。所以土地规模利用理论主要考察的是土地利用规模的扩大与规模报酬增加或减少之间的关系。毕宝德在土地经济学中认为，土地利用规模扩大与规模报酬之间存在以下关系：当土地利用规模从零开始不断增加时，规模报酬增加的幅度首先大于土地规模扩大的幅度，如图2－1所示，*OM*大于*ON*，这时土地规模报酬递增；随后规模报酬增加的幅度等于土地规模扩大的幅度，也就是*MP*等于*NQ*，这时土地规模报酬固定不变；最后规模报酬增加的幅度小于土地规模扩大的幅度，也就是*PY*小于*QX*，这时土地规模报酬递减。

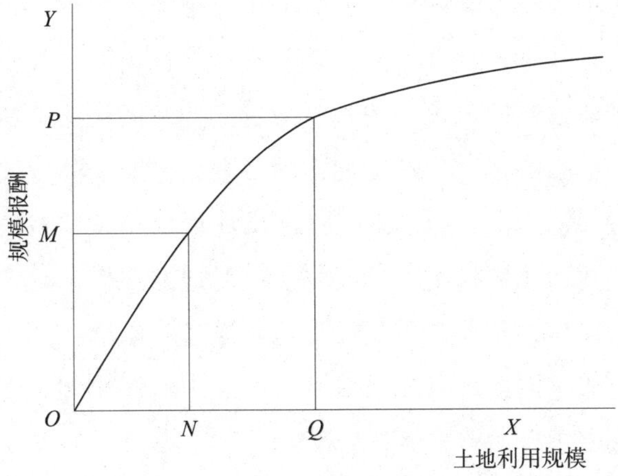

图 2－1　土地规模经济关系图

所以土地规模利用理论告诉我们，在生产经营活动中，要最大限度地使土地利用处于规模报酬增加的阶段，也就是 *OM* 大于 *ON* 阶段，最起码也得处于规模报酬固定的阶段，也就是 *MP* 等于 *NQ* 阶段，在这两个阶段下，通过土地规模的扩大，所获得规模报酬增加的过程，称为土地的规模经济。引起以上土地规模经济变化的原因主要有内外两种，首先是内部规模经济，指产业单位、经营实体因为土地规模扩大而引起的内部效应。如大型农业机械可以极大地提高农业生产效率，但是在面积较小的地块上难以使用，当农业土地面积规模经营时，就可以使用大型机械提高劳动生产率；还有是外部规模经济，指单个产业单位因为整个行业规模的扩大而受益，如整个行业科技水平提高后，单个产业单位就可以享受最新的技术，而不需要自己去研发。

土地规模经济原理在不同的行业普遍存在，并得到广泛利用。最早是农业土地利用，“二战”后北美和西欧各国均实现农业规模经营，获得规模经济效应。我国则因为历史原因在改革开放后才逐渐开始探索扩大农业土地规模经营的道路。土地规模经济原理在城市土地利用中同样得到广泛印证和利用，地均 GDP 在中等城市、大城市、特大城市和超大城市之间依次递增，城市土地规模经济效应显著。在产业用地集约利用中同样也存在土地规模经济的问题，如果产业用地的规模较少，就无法实现产业单位与行业的内部规模经济效应与外部规模经济效应，甚至有可能无法满足产业发展对土地的需求，造成产业发展停滞的局面。同时也要减少土地规模报酬递减的情况的出现，避免土地规模增加过快而规模报酬增长缓慢，甚至是产业用地供过于求而产生闲置浪费的情况。所以在产业用地集约利用评价中一定要将产业用地的规模纳入评价范围，考察评价对象产业用地规模是否处于土地规模经济阶段，并根据土地规模利用理论，给出不同经济发展水平城市产业用地规模的合理范围，为评价对象产业用地规模调整提供对策和建议。

2.2.4 产业结构理论

产业结构（industrial structure）是指国民经济各部门、各产业之间以及产业内部的结合状况和配比关系。产业结构在很大程度上能够反映一个国家、一个地区的经济发展方向与水平，是社会经济发展的决定性因素（苏东水，2000；赵玉林，2008；魏农建，2008）。1935 年新西兰经济学家 Fisher 在其著作《安全与进步的冲突》（The clash of progress and security）中首次系统地提出产业的划分方法（Fisher，1935）。随后，英国统计学家 Colin Clark 在 Fisher 研究的基础上，于 1940 年采用三次产业划分方法，通过大量实证研究，归纳了三次产业结构变动规律与经济发展的关系，并简要地描述了产业结构的变化趋势（Clark，1940）。美国经济学家 Simon Smith Kuznets 于 1966 年研究了三次产业结构与国民收入的关系，并在其著作《现代经济增长》（Modern economic growth）中提出人均国民收入的变动影响产业结构的变动，经济的增长是产业结构转变的原因，这一理论被称为库兹涅茨人均收入影响理论（Kuznets 和 Murphy，1966）。1931 年德国经济学家 W. G. Hoffmann 以工业结构为研究对象，重点研究工业化过程中重工业的变化情形，分析了消费资料与资本资料的工业净产值的比例关系，认为这一比例在工业化中是保持下降的，并提出了“霍夫曼工业化经验法则”（Hoffmann，1958）。1986 年美国经济学家 Hollis Burnley Chenery

提出钱纳里多国模型，将人均收入水平作为经济发展水平的代表，将经济发展划分为6个阶段，主要包括初级产品生产阶段，工业化初级、中级、高级阶段，发达经济初级、高级阶段（Chenery et al.，1986）。

从产业经济学一般原理可知，经济发展水平与产业结构存在相对应关系（宗毅，2005），产业结构与经济发展水平相一致的时候，能够支撑经济的快速发展；产业结构若与经济发展水平不相适应，无法提供经济发展所需的动力，会阻碍经济发展，使经济发展停滞不前甚至发生倒退，重新回到较低水平的适宜状态。由此可知，经济发展水平对产业结构具有决定性作用，每一个经济发展水平都会有相应的产业结构与之匹配。

产业用地结构是不同产业部门所使用土地的比例关系。产业结构和产业用地结构之间存在着密切关系（张海兵等，2007；张颖等，2007；鲁春阳等，2010；李琴等，2008；靳瑞萍，2010）。目前我国处于经济社会发展的转型时期，转变经济发展方式的关键是调整和优化产业结构，产业结构调整必然会引发土地资源在不同国民经济部门间的再分配，导致产业用地结构发生变化。所以，一方面，产业结构调整是产业用地结构变化的驱动力，产业用地结构变化应反映产业结构调整的思路与效果；另一方面，产业用地结构调整是产业结构调整的重要手段，通过产业用地在国民经济各行业的调配实现产业结构调整的目的（路振华等，2013）。基于以上分析，产业结构决定产业用地结构，一定的产业结构需要有相应的用地结构与之适应，产业用地结构反映产业结构的现状特点。用地结构是土地集约利用的一个重要方面，城市土地集约高效利用内涵包含了土地利用结构合理化的含义（赵鹏军和彭建，2001）。合理的用地结构能够提高土地生产率，促进城市土地集约利用，在产业用地集约利用中也同样适用，产业用地结构是产业用地集约利用的一个重要方面。

综上所述，基于“经济发展水平—产业结构—产业用地结构—产业用地集约利用”的客观规律与关系，在产业用地集约利用评价中一定要将产业用地的结构纳入评价范围，考察评价对象的产业用地结构与经济发展水平及产业结构的适宜程度，并给出不同经济发展水平下城市产业用地结构的合理范围，为评价对象的产业用地结构调整提供对策和建议。

2.2.5 土地报酬递减规律

土地报酬递减规律（the law of diminishing land returns）是土地资源利用中最重要的基础理论之一。该规律最早的倡导者是18世纪法国重农学派（Physiocrats）后期代表人物Ann Robert Jacques Turgot，为人所熟知的应该是Thomas Robert Malthus的“人口论”（Malthus，1959）和David Ricardo的地租论（Ricardo，1819），两者都以此规律为立论依据（刘书楷和曲福田，2004）。1815年英国经济学家Edward West在他的著作《论资本用于土地》（Essay on the application of capital to land）中首次正式提出土地报酬递减规律（West，1815），他指出在单位农业土地上连续投入等额的资本和劳动，所带来的产品增量是逐渐减少的。20世纪以来，美国经济学家John Bates Clark（1902）、Paul Anthony Samuelson（1954）和德国农业经济学家Theodor Brinkmann（1914）等西方经济学家将这一理论进一步解释和拓展，推广到整个生产领域。

土地报酬递减规律告诉我们，在一定的经济发展水平下，在单位面积的土地上，连续不断地增加劳动、资本等要素投入，土地报酬的增加会随着投入的增加发生从递增到递减的变化，具体分为三个阶段，如图2-2所示（横轴为土地上劳动、资本要素的投入量，纵轴为该土地上的产出量）。第一阶段表现为平均产量曲线、边际产量曲线和总产量曲线都随着劳动、资本等投入要素的增加一起上升，如图2-2所示的*OM*阶段，该阶段内相对于土地要素数量，劳动、资本等要素数量投入不足，土地的生产潜力没有得到充分发挥，属于土地利用不集约的情况；随后，边际产量曲线和平均产量曲线出现减少，总产量曲线仍然随着投入的增加而增长，一直到达最高的*R*点，如图2-2所示的*MN*阶段，该阶段的实质是一种土地利用与投入要素的合理配比，属于土地集约经营的情况，*M*和*N*就是土地合理利用范围的边界；在第三阶段中劳动、资本等要素投入继续增加，超出了集约利用的合理范围，边际产量曲线、平均产量曲线和总产量曲线同时出现减少，如图 2－2 所示的 *NX* 阶段，该阶段的实质是相对于土地要素数量，劳动、资本等要素数量投入过多，属于土地过度利用的情况。

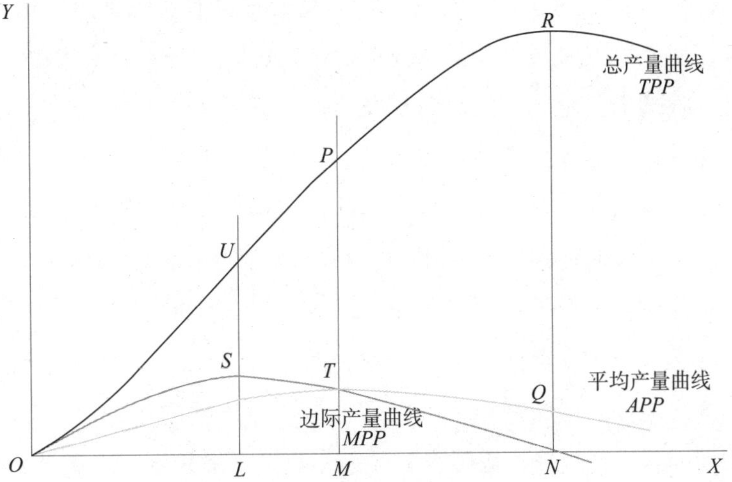

图 2－2　报酬递减规律示意图

土地报酬递减规律对于推动土地集约节约利用具有重要的指导作用。在经济快速发展、城市急剧扩展、各类产业对土地需求剧增的背景下，人们通过提高集约利用水平，增加单位面积土地上劳动和资本的投入满足发展的需求。但土地集约利用水平的高低并不是与单位面积的投入呈现简单的正比关系，而是随着投入的上升，先增加后减少。土地报酬递减规律指导我们在进行土地集约利用，尤其是产业用地集约利用时，需要寻找集约利用的最优值与合理范围，努力避免不集约与过度利用两种情况的出现。

同时土地报酬递减规律是在假定其他生产要素投入水平不变的情况下，只研究其中某种要素的投入水平与土地报酬的投入产出关系。而在土地集约利用的实践中，我们通常要面对一个含有多种可变要素的复杂的土地利用系统，所以我们要采用多因素分析法从多个方面构建集约利用评级和预警模型，探究各要素与总体集约利用水平之间的关系，运用科学的方法得出土地集约利用的合理范围，以及各个可变要素的合理输入范围，也就是土地集约利用的标准。土地报酬递减规律是假定在一定经济发展水平下得出的，经济发展水平包含了与其相适应的技术条件、科学水平、管理水平，甚至是社会制度。在这样确定的经济发展水平下，通过追加生产要素的投入，土地报酬呈现出先增加后减少的规律。但是如果经济发展水平发生变化，变化为技术进步、管理水平提升等情况，那么土地报酬也会继续增加，直到技术与管理水平稳定不变后，才会再次趋于递减。通过以上我们可以得出，土地集约利用合理范围与各可变要素的合理范围（也就是标准），是有可能随着经济发展水平变化而变化的，这就要求我们在制订产业用地集约利用评价标准时需要充分考虑经济发展水平对每一个指标标准的影响程度，制订能够适应经济发展水平变化的标准，同时预警标准也一定是在未来经济发展水平下的标准。

根据土地报酬递减规律，应合理把握产业用地的集约度，正确认识产业用地的投入强度和产出强度的关系，促进产业用地的高效集约利用。通过科学确定投入强度标准，可以调整产业用地的投入，提高产业用地的总收益，当产业用地投入不够时，应提高产业用地的投资强度。我国很多地方如上海、广州已经制定了产业用地指南，根据行业性质，设定产业用地使用门槛，对于相应的产业用地项目必须达到投资规模和强度标准，否则不予供地，在很大程度上促进了土地节约集约利用。当某种产业过热、投资强度过高时，可以通过限定地价的方式，变相调节投资强度，防止资源浪费，以获取最大收益。土地产出强度是衡量产业用地利用集约与否的重要指标。集约利用的最终目的还是单位面积土地上的产出能够满足人类生产生活的需要，所以本研究重点评价产业用地集约利用的产出情况。但根据土地报酬递减规律可知，产业用地集约利用的产出不是简单的越多越好，因为还存在过度集约的问题。以容积率为例，容积率过低，就会造成资源浪费；容积率过高，就会给资源环境和基础设施带来巨大压力。产业用地容积率确定时，应综合考虑区域经济状况、基础设施条件、产业特点、资源环境承载力等多方面的因素，容积率过高或过低都难以最大限度地发挥土地的效益。其他衡量土地集约利用产出强度水平指标标准的确定也都要充分考虑以上问题。

2.2.6 区位理论

土地是人类最宝贵的资源，“土地是财富之母”就是最好的诠释，通过在土地上劳作，能够给人类带来大量的剩余价值，满足其生产和生活的需求。地租理论告诉我们产生剩余价值的级差地租 I 是由土地的自然属性带来的，包含土地的沃度与土地的区位两方面的内容。城市产业类型多为第二、第三产业，土地沃度对其影响不大，但产业布局、产业区位对第二、第三产业的发展有至关重要的影响，因此城市产业用地集约利用必须充分考虑区位因素。区位理论经过国内外学者多年不断地发展和完善，目前已经相对成熟。

最早的土地区位论是关于农业土地区位的，1826 年德国经济学家 Johann Heinrich von Thünen 在其著作《孤立国同农业和国民经济的关系》(Isolated state) 中首次阐述了农业区位论思想，在研究中假设只有一个中心城市作为农产品消费地，周围依次分布六种不同的农业圈层，研究农业土地集约利用、经营化程度和距离消费中心距离的关系，并提出了屠能圈 (Thünen Kreise)。研究结论表明，农业土地集约利用度和农产品生产地与消费中心地的距离成反比关系，农产品生产地与市场距离越近，农业土地集约利用度就越高，随着与市场距离不断增加，农业土地集约利用度由集约利用逐渐变化到粗放利用。这是首次将区位因素作为土地集约利用度影响因素的研究。屠能之后，古典区域理论代表人、德国经济学家 Alfred Weber 首次将工业区位进行系统化理论研究。他在 1909 年发表的著作《论工业的区位理论》(Theory of the Location of Industries) 里集中研究了两个问题 (Weber，1962)，首先是工业的分布区位问题，认为原料产地、劳动力分布和消费地等是影响工业分布的主要因素，工业单位按照影响各自生产和销售等不同的决定性因素，分布在以上因素聚集的区域；同时还研究了工业内部各种类型企业的产业集聚现象，认为规模经济效应是产业集聚的原因，并指出规模经济效应取决于产业规模、产业结构与产业链上不同类型产业的配合。20 世纪 30 年代，德国城市地理学家 Walter Christlle 在其著作《德国南部的中心区》(Central Places in Southern Germany)中通过对决定城市空间布局方式的经济因素的分析(Christaller and Baskin, 1966),提出了城市区位理论。随后,德国经济学家 August Lösch 从市场的角度分析城市空间布局问题(Lösch and Woglom, 1954),提出市场区位论,并发表了著作《区位经济学》(The economics of location)。1964 年美国哈佛大学教授 William Alonso 发表著作《区位和土地利用》(Location and land use),解释了不同产业性质、不同产业用地区位与地价分布的关系,阐明了城市内部不同产业空间位置分布、距离市场中心的远近决定于不同产业性质与支付地租能力的观点(Alonso, 1964)。如图 2－3 所示,坐标系内各条线段分别表示商业、工业、住宅和农业的竞价地租曲线,两两竞价地租曲线相交的交点对应 *Y* 坐标便是出价最高土地用途的租金分布范围,对应 *X* 坐标便是出价最高土地用途的位置分布范围。*OR*、*RS*、*ST*、*TX* 分别表示商业、住宅、工业、农业的位置分布范围,*FY*、*EF*、*DE*、*OD* 分别表示商业、住宅、工业、农业的租金分布范围。由此可以看出,商业的地租竞价能力最强,所以其分布在市场中心地区,住宅和工业的地租竞价能力次之,依次分布于商业外围,地租竞价能力最低的是农业,所以分布在距离市场最远的郊区。

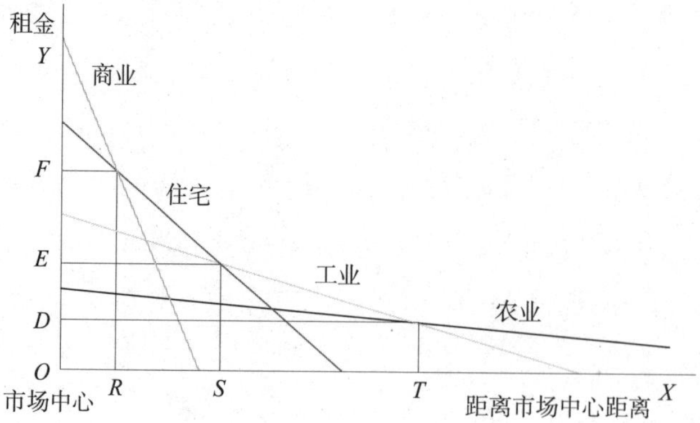

图 2－3 城市土地利用空间分布图

区位理论深刻地影响着各类用地的空间安排,揭示了不同空间位置土地的集约利用程度与市场中心距离的关系，为土地集约利用提供了重要的理论基础，同时也是实现产业用地集约利用的重要方式和途径。

基于区位理论，产业用地集约利用可以从产业用地、行业用地、企业用地三个层次考量。产业用地层次从产业整体的宏观角度考虑布局问题，要求各种产业类型按照自己的地租竞价能力与土地利用方式分布在适合自己的位置或圈层。例如，城市中心布置第三产业用地更加符合土地集约利用的要求，对于原有的工业企业尽快搬迁，使土地潜力得到释放，适合第二产业用地布局的区域是城市中心外围的近郊，可以以圈层的形式出现，工业企业应布局在此圈层内。行业用地层次从具体的各类型行业自身属性的中观角度考虑布局问题，每种类型行业的具体分布还要参照各行业的性质。例如，各类重工业需要布局在距离原材料市场较近的位置，或者是距离高速公路出口、铁路站较近的位置，各种轻工业应布局在距离消费市场和劳动力市场较近的区域。企业用地层次从企业间产业集聚效应的微观角度考虑布局问题，企业按照产业链上下游关系合理集聚，形成在一定区位所获得的因同类型企业数量和功能的集聚而带来的规模经济效益，促进劳动分工的细化，降低生产成本，提高劳动生产率，有利于土地资源的集约节约利用。以上三个层次都是产业用地集约利用评价需要考察的重要方面，也是提高产业用地集约利用水平的切入点。

2.3 国内外研究进展

2.3.1 土地集约利用的相关研究

土地集约利用（Intensive Land Use）研究起源于古典经济学，最早出现在农业生产领域，18 世纪后期到 19 世纪初期在研究农业地租问题时，David Ricardo（1819）、Ann Robert Jacques Turgot（2008）和 Edward West（1815）等发现由于土地集约利用才产生了级差地租。在对古典经济学地租理论批判、继承的基础上，马克思（1909）在《资本论》中提出级差地租Ⅰ与级差地租Ⅱ理论，进一步明确集约利用的含义：将资本集中地投入在同一块土地上，就是耕作集约化。以此为基础，中国大百科全书（1988）对农业土地集约利用做了定义：在定量的土地上，通过连续投入生产资料和劳动，应用先进的技术手段与管理措施，以期在单位面积农地上获得高额产出和收入的农业经营方式。土地报酬递减规律的提出，对于土地粗放利用、土地集约利用和过度利用提供了判断依据，丰富了土地集约利用度的研究。国外区位论的提出极大地发展了土地集约利用的内涵，1826年Johann Heinrich von Thünen在其著作《孤立国同农业和国民经济的关系》（Isolated state）中认真研究了农业、林业、牧业、工业的布局，讨论了产业布局的优化配置，涉及了产业用地集约利用的内涵。之后区位理论研究还有德国经济学家Alfred Weber的工业区位论、德国城市地理学家Walter Christlle的中心地理论以及August Losch的市场区位论等。在Ebenezer Howard的"田园城市"理论（Howard和Osborn，1965）对城市土地利用规划产生巨大影响的背景下，Park和Burgess（1984）将Thünen的农业区位理论应用到城市土地功能分区中，提出"同心圆"理论，成为城市地域结构的基础理论，指出随着与城市中心距离的不断加大，土地的可使用性和使用密度不断降低，相应地土地集约利用程度递减。随后，Hoyt（1964）的"扇形理论"和Harris和Ullman（1945）的"多核心理论"从城市发展的不同形态来研究城市的合理布局问题，客观上促使城市土地利用更加集约。美国著名土地经济学家Ely and Morehouse（1924）在20世纪初阐述了土地集约利用是地价、人口、土地等因素的稀缺性共同使然的结果。Raleigh Barlowe（1978）认为在单位面积土地上投入的生产资料的量就是土地集约利用度。不同类型土地，集约度差异较大，如城市土地的投入大，集约度就高，农地、林地、牧草地的投入小，集约度依次降低。20世纪90年代，在可持续发展观念的引导下，城市规划的理念也不断丰富，为提高土地集约利用水平奠定了基础。Miller and Hoel（2002）和Gabriel et al.（2006）在规划方面应用Smart Growth

的理念深入研究了城市交通规划和土地的开发利用。Chen et al.（2008）和 Howley（2009）在可持续发展理念指引下应用 Compact Development 研究了紧凑型城市和住宅。Thinh et al.（2002）在可持续发展视角下评价土地利用结构。Li and Yeh（2000）将元胞自动机与 GIS 技术融合，作为一个规划工具，研究不同城市的发展方案、城市土地开发程度，帮助规划者建立更好的城市可持续发展形态。Slee B.（2007）和 Lau et al.（2005）通过 Multifunctional Intensive Land Use 的理念以中国香港和英国林地为例，研究了多样化土地集约利用。以上研究结论客观上遏制了城市的无序扩张，促进了土地集约利用水平的提高。

国内关于土地集约利用问题的研究起步较晚，20 世纪 90 年代中叶，我国专家和学者逐步认识到城市土地集约利用的重要性，开始了理论研究工作（冉雄光，1996；朱荣勤和杨兴权，1996；潘琦和王丽青，1996；陈纬，1996；蔡育天，1996）。但经过十多年的发展，尚没有看到关于建设用地集约利用的成熟定义或表述。有关建设用地集约利用内涵存在两种主要观点。其一是在单位面积的建设用地上集中增加投入强度，实现建设用地的高产出和使用效率的提高，这与农用地集约利用的含义基本相同，都是通过投入强度保证高产出。马克伟（1991）认为建设用地集约利用可以通过集中投入劳动生产资料和劳动力，在单位面积用地上增加劳动产品产出以及土地承载能力来实现。以建筑业为例，通过增加建筑密度和容积率的方法，来提高土地的集约利用程度。宋春华（1993）在其著作中认为，土地集约经营水平的高低往往取决于单位面积土地上连续投入的人力、物力、财力等因素。毕宝德（2006）认为在单位面积土地上集中连续投入的资本和劳动与土地的集约利用水平呈现出正相关关系，单位面积上投入的越多，集约利用水平也越高。周生路（2006）也持有类似的观点，认为土地集约利用是通过使用高比率的投入获得单位面积高产出的目的。类似的观点表述的含义和农用地集约利用一致。其二提高建设用地集约利用度，除了要考虑不断增加投入、提高强度外，还需要考虑土地利用结构调整与空间布局的优化。陶志红（2000）认为，合理的城市布局和城市土地利用结构是城市土地集约利用的重要方面，对于扩充土地集约利用内涵有重要意义。卢胜（2003）以成都高新区武侯科技园集约用地为例进行研究，提出土地的集约利用应当是在先进装备与技术的基础上，不断增加单位面积土地、资本和劳动力等要素，通过合理的管理方式，逐步提升单位土地面积产值，实现综合效益最大化的目的。龚义等（2002）认为城市范围内的土地集约利用的基本含义是土地投入强度和土地利用深度，但区别于农用土地的第二层含义是城市土地集约利用是在结构合理、布局优化的条件下，通过改善经营、管理方式，达到提高土地利用率的目的。石忆邵等（2010）对香港、台北、北京、上海、广州、深圳、苏州等大都市的产业用地规模、结构、产出效率和效益等进行详细的对比分析，揭示了大都市产业用地的动态变化特征。赵鹏军和彭建（2001）定义城市土地高效化、集约化利用的内涵，并依此为依据，构建评价指标体系，在传统强度评价指标外，还新融入了工业用地比例、商业服务业用地比例等结构指标。通过以上分析可见对建设用地集约利用概念与内涵的研究，首先是继承已有的农用地集约节约利用的内涵，即高投入保证高产出；同时，越来越多的学者逐渐认识到影响建设用地集约利用的因素除了投入、产出强度，还有建设用地的结构、布局等方面，因此对于建设用地集约利用影响因素的研究还有待进一步地加深。《中国国土资源可持续发展研究报告（2005）》（曹新元，2005）曾指出，土地资源利用效益是综合效益，包括经济效益、社会效益、生态效益和资源效益等多方面，因此在土地集约利用的研究与实践中不能只管经济而忽略其他，而应从整体进行综合考虑。

2.3.2 城市产业用地集约利用评价研究

产业用地可以认为是各类型产业所使用的土地。目前，学术界对产业用地还没有一个明确清晰的界定。不同学者对产业用地的研究，其含义和内容也不尽相同；同时，当前与产业用地集约利用相关的研究多集中于建设用地上，如城镇建设用地（王铁成等，2007；刘明亮和沈彦，

2008；李天阁等，2007；涂志华和王兴平，2012）、工业用地（黄大全等，2009；申屠杜平等，2003；陈昱等，2013；贾宏俊等，2010）、商服用地（黄晨，2008；宋成舜等，2011；吴次芳等，1995）、开发区用地（陈利根和郭立芳，2004；翟文侠等，2006；陈逸等，2008；聂宜民等，2010）、住宅用地（李谦等，2008；武文杰等，2010；骆培聪等，2008；明开宇等，2013）等。本研究以城市范围内的产业用地作为主要研究对象，评价其集约利用水平，找出利用中制约城市产业用地集约利用水平的具体限制因素，提出有针对性的对策和解决措施，实现区域整体的集约利用。在前人研究的基础上，产业用地集约利用研究需要充分考虑研究对象的特点和所遵循的一般规律。产业用地集约利用研究以产业用地为研究对象，产业用地集约利用的主体是实际从事生产经营活动的产业单位，因此产业用地集约利用研究一定要基于产业经济学的一般原理，符合产业发展的规律和特点。产业发展的影响因素包括经济发展水平、规模、结构、布局等方面。因此产业用地集约利用仅仅考虑投入、产出强度是不够的，还应当充分考虑产业发展的影响因素。所以结合前人在这些方面的现有研究成果与产业经济学的一般原理，产业用地集约利用应当是在一定的经济水平下，在生产、生活、生态三效统一的原则下，努力实现区域产业用地规模适中、结构优化，强度适宜、布局合理。

本研究以城市范围内的产业用地作为主要研究对象，评价其集约利用水平，找出利用中存在的问题。那么根据本研究的内容，城市产业用地节约集约利用评价是指对区域或者城市总体产业用地进行评价，以整个城市的产业用地为研究对象，侧重于城市产业用地利用强度、整体规模与用地结构的合理性、土地产出效率等方面。通过对城市产业用地的集约利用评价，能够迅速发现制约城市整体产业用地集约利用水平的具体限制因素，可以提出有针对性的对策和解决措施，实现区域整体的集约利用。现有的区域整体集约利用研究专门针对产业用地的还很少，研究对象多集中于城镇建设用地、工业用地、开发区用地等，国内学者在指标体系构建、标准研究和评价模型选择上做了大量研究和实践。

（一）指标体系

评价指标的建立是评价的核心工作。目前，在建设用地集约利用评价上多采用多因素评价的经验模型法构建评价指标体系。

多因素评价方法是运用多个指标对多个参评单位进行评价，其基本思想是将评价研究对象的多个不同方面的评价指标综合为一个能够反映整体情况的指标来进行评价。在研究指标体系构建上，多因素评价方法大体上多采用两类，一类是机理模型，另一类是经验模型。

1. 机理模型

机理模型又称仿真模型，是指在对研究对象的内部相互作用机理和与外部影响因素作用有着深刻认识的基础上，根据其作用机理和机制，通过数学描述它们之间的相互关系，构建出模拟整个研究对象作用的全过程动态仿真模型。如模拟植物生长的仿真模型，通过对模型输入水分、日照、各种肥料等参数，模型就会模拟植物的生长过程，得到最终的生长结果。如 Muchow et al.（1990）构建模拟玉米生长的机理模型，就存在某些作物特性不好获取的问题，难以准确地模拟一些外部变量对作物生长的影响。石春林和朱艳等（2006）通过对水稻叶片的受力分析，推导了叶曲线方程，并进行了影响系数的参数化和方程求解。结果表明叶曲线方程可以合理且可靠地定量描述水稻叶曲线特征的动态变化规律。构建机理模型需要对整个研究对象所有的影响因素以及相互作用有着透彻的认识和了解，它的优点是评价结果准确，结果可以验证；缺点是整个模型影响因素庞大，相互作用复杂，需要掌握所有的各种影响因素本身的作用、相互之间的影响关系以及与外部变量的作用，模型构建较困难。比如叶子飘和于强（2009）在构建植物气孔导度的机理模型的结论讨论部分认为，虽然在植物叶片气孔导度与净光合速率、气孔内外浓度相互作用等内部关系上构建了模型，但因为对温度、湿度和叶面的水气压差等外部变量作用缺少掌握，该模型有待进一步完善。

2. 经验模型

经验模型是指不分析实际过程的机理，而是将实际结果与变量数据进行数理分析，归纳概括出各变量、参数之间的数学关系。在实际工作中，可依靠专家对研究对象输入与输出的长时间实际观察和对结果的研究，依靠经验构建从输入变量到输出结果的模型。对于某些相互作用机理不是相当直观和明确的、在现有的知识体系内无法构建机理模型模拟整个过程的研究对象，可以通过构建经验模型进行评价。经验模型的优点是模型构建简单、直观，缺点是无法验证结果的准确性，因此输入、输出样本的代表性与专家经验成为评价整个模型优劣的决定性因素。目前，专门针对产业用地集约利用评价的研究很少，研究多是以建设用地为对象，如工业用地、开发区用地、商服用地等，集约利用评价上多采用经验模型构建评价指标体系。不同的专家学者针对具体不同的问题，构建出不同的指标体系。专家学者现有的研究多是从两个方面构建评价指标体系，一是强度，二是结构和布局。

在强度评价指标体系构建方面，专家学者们做出了大量的研究，而且理论和方法都比较成熟。这里的利用强度在不同的研究中又可以分为土地投入强度（如地均基础设施投资等）、土地产出强度（如单位面积的产值、税收、就业人口、利用效益等）、土地利用强度（如土地的建筑密度、容积率、使用率、开发率，或是反向的绿地率等）。宋戈等（2008）对黑龙江省伊春市进行集约利用评价，从土地投入程度、土地利用程度、土地产出水平和土地可持续利用度四个方面构建评价指标体系，每个方面包含若干个具体的评价指标。其土地投入程度、土地利用程度、土地产出水平均属于强度指标类型。郑荣宝和陈美招（2012）从土地使用效益强度和城市土地投入强度两方面构建评价指标，对广州市建设用地集约利用进行了综合评价，包括建成区地均 GDP 等 5 个具体的评价指标。王梅和曲福田（2004）在对昆山开发区用地集约利用情况研究时，从投资强度、利用强度和产出效率 3 个方面构建评价指标体系，用土地利用率、地均投资总额、人口密度来表征投资强度，用容积率表征利用强度，用地均利税和地均销售额表征产出效率。顾湘等（2009）评价江苏省不同类型的工业用地，构建评价指标体系时主要考虑土地利用效益、利用强度和土地投入强度 3 方面，使用建筑密度、地均投资强度、地均销售额、地均利税、地均吸纳劳动人数等指标来表征以上强度因素。白冰冰等（2003）以包头市为研究对象，对城市土地集约利用潜力进行宏观评价，从城市土地空间布局合理性、城市土地利用程度、城市土地使用效率、城市土地投入强度和城市土地可持续利用地 5 个方面构建指标体系，每个评价指标又细化 3 ~4 个具体指标不等。郭栋（2008）以开发区作为集约利用评价的研究对象，提出从土地利用状况、用地效益和管理绩效 3 方面来构建评价指标体系，将土地利用强度放在土地利用状况方面分析，主要采用建筑密度和容积率指标进行研究，将土地投入、产出放在用地效益类别中分析。谭丹等（2009）在工业用地集约利用评价中，从土地投入水平、土地利用效益、土地利用效率 3 个方面进行评价。用地均投资强度表征土地投入水平，用地均工业总产值、地均利税表征土地利用效益，使用建筑系数和行政办公及生活服务设施用地面积比表征土地利用效率。李双异等（2008）根据辽宁省工业开发区的实际情况，从土地开发进度、土地利用状况、土地供应结构、土地投入产出水平、工业用地效益和开发区地价等 6 个方面进行了评价，每个方面都有具体的评价因子构成。这里土地开发进度、土地利用状况、土地供应结构土地属于土地利用强度的问题，投入产出水平、工业用地效益和开发区地价属于土地投入强度与产出强度的问题。Meng et al.（2008）将土地利用强度作为土地利用效率的一个重要方面。Liu 和 Gao（2011）对开发区的土地集约利用评价指标体系的构建进行了专门研究，从土地利用状态、土地利用效率和管理绩效 3 个大的方面进行评价，每个方面又包含了具体的评价指标。Luo et al.（2009）以湖北省钟祥市为例，通过层次分析法评价城市土地集约利用情况，从土地利用的经济效益、土地利用的程度、土地的投资强度和城市土地资源的可持续利用 4 个方面具体 10 个指标建立指标体系。

在结构和布局评价指标体系构建方面，专家和学者们进行了初步研究，但方法尚未完全成熟。吴郁玲和曲福田（2006）对江苏省开发区土地利用集约度进行评价研究，对土地利用结构进行研究时采用了4项指标，生产性用地比例、商业服务业用地比例可以在一定程度上说明开发区土地利用的结构问题；基础设施用地比例、绿地率类似于强度指标中的土地利用强度类指标，属于反向指标类别。丁林可和田燕（2007）在综合土地集约利用研究的基础上，采用对比分析法和归纳分析法等对工业用地的集约利用评价指标体系构建进行了相应的研究，选取工业用地比例和与规划吻合程度这2个因子作为评价因子，表征土地利用结构和布局这样的评价因素。白冰冰等（2003）对包头市城市建设用地集约利用状况进行研究，使用城市用地结构，Ⅰ、Ⅱ级地价区内工业、仓储用地比重，城市功能区均质度，待改造老城区面积比指标对城市土地空间布局的合理性评价构建评价指标体系。在产业布局与集聚方面，国外的研究多数采用相关独立算法与模型，很少集中在整体集约评价中研究。Martens（2004）通过引入遗传算法，成功地解决了时尚产业空间布局的问题。Wen（2004）采用基尼系数算法研究了中国产业的迁移与聚集现象。另外一些学者（Wu and Webster，1998；Ward and Murray，2000；Thorrens，2001；Geoghgan，2002）将产业空间布局问题作为整个城镇土地利用动态变化的一部分多有涉及，多通过 Cellular Automata 采用模拟动态变化的方式进行研究。

建设用地集约利用评价研究多采用多因素评价的经验模型法构建评价指标体系，不同的专家根据实际情况构建不同的评价指标。现有的建设用地集约利用评价研究指标体系构建多侧重于强度方面，包括土地投入强度、土地产出强度、土地的经济效益、土地的社会效益强度等方面，根据各地实际情况构建了各种不同的具体评价因子。评价指标体系构建侧重于强度，这与集约利用概念和内涵的由来与发展有着重要的传承关系。但随着经济的不断发展，越来越多的专家学者发现影响集约利用水平的因子不局限于投入强度、产出强度等方面，专家学者们将建设用地的结构和布局也纳入主要的影响因素，并进行了积极的探索和宝贵的实践。经验模型最大的特点就是专家可以根据实际情况的不同及时调整评价的内容和评价的方法。产业用地集约利用评价的内容与方法和建设用地集约利用评价的内容与方法有相似之处，评价重点都包含利用强度指标。但产业用地的集约利用评价不仅仅局限于强度，因为产业用地利用的主体是产业，研究一定要基于产业经济学的一般原理，符合产业发展的规律和特点。产业发展的影响因素包括经济发展水平、规模、结构、布局等方面。因此产业用地集约利用仅仅考虑强度还不够，还应该从规模、结构和布局等方面构建评价指标体系，做出有益的探索。

（二）评价标准

评价标准是研究对象评价指标现状值评价的参照、比较的依据，对评价结果有至关重要的影响。评价标准的确定一直是集约利用评价工作的难题，学术界对于评价标准的确定方法存在比较大的分歧。目前，国内学者在集约利用评价中标准的给出方法上进行了大量的研究和实践工作，概括起来有3种做法：参照法、经验法、统计分析法。

1. 参照相关标准

大多数研究多参照国家和地方标准，或是已有的研究成果，或是具有代表性样本的现状值作为评价标准使用。顾湘等（2009）通过构建指标体系、标准代入评价公式对江苏省不同工业行业用地集约利用进行评价。标准的制定参考江苏省国土资源厅《江苏建设用地集约利用评价指标体系建立研究》（2005），以调查统计结果中行业和地区两项指标最优作为标准值，构建了不同工业行业建筑容积率、地均销售额、地均投资强度、地均利税、地均吸纳劳动力5个指标的标准值。王明舒和朱明（2012）引入云模型来评价开发区的土地集约利用情况，其标准值的设定参照了国家、广西壮族自治区和桂林市政府制定的相关规范与目标。徐慧等（2010）以江阴市电力行业用地为集约利用评价对象，采用国家、地方、行业或区域标准，并根据区域背景来最终确定评价的标准。部分研究参照了经济发展水平类似、规模相近的参照物作为研究比较的合理值。例如，王昆和陈银蓉（2008）在评价武汉经济技术开发区土地集约利用情况时，就是采用该方法，选用与武汉经济开发区规模相仿，经济发展水平相当的成都、长沙、重庆等经济技术开发区作为评价的参照对象确定合理值，来评价武汉经济技术开发的土地利用情况。徐潇瑾、潘润秋（2011）基于熵值法和统一理想值评价珠海市3个开发区的土地集约利用情况，从土地利用状况、利用效益、管理绩效3个方面构建评价指标，每个指标的理想值都是通过3个开发区现状最大值作为标准进行评价。该方法的优点是标准内容相对成熟，标准值被认可；缺点是适用范围与指导性的矛盾，全国标准在全国范围内使用，但对某一地区的指导性不是很强，没有针对性，地方标准对某一地区的指导性较强，有针对性，但是在另一个地区不适用。

2. 经验法

经验法，也称特尔斐法，是指专家通过经验为相关评价标准赋值。谢正观和郑仰阳（2011）对厦门市海沧台商投资区的土地集约利用进行评价研究，在指标标准的构建上采用了目标值法、发展趋势估计法、先进经验逼近法和德尔菲法为土地供应率、综合容积率、工业用地上单位面积固定资产投资、建筑系数、地均产出强度等13个指标赋予了标准值。郭艳红和李红兵等（2011）以山东省胶南市为研究对象开展土地集约利用评价研究，利用专家经验法将土地集约利用水平划分为4个级别：集约度≥0.60时为第Ⅰ级（集约利用区）；集约度为0.50~0.60时为第Ⅱ级（较集约利用区）；集约度为0.35~0.50时为第Ⅲ级（较粗放利用区）；集约度≤0.35时为第Ⅳ级（粗放利用区）。张清军等（2010）在评价河北省农村居民点的集约利用情况时，参考国家或地方标准的同时，向有关土地专家咨询确定了集约利用评价的标准。姜海等（2008）在对县域层次土地集约利用情况评价时，通过相关标准和人为赋值的方式确定最终标准。宋成舜等（2011）对西宁市农村居民点进行集约利用评价和潜力研究时，通过邀请西宁市社会经济规划与管理工作的领导和学者组成11位专家，经过3轮咨询，确定了各个指标的理想值。专家经验法是一种简便易行的评价标准赋值法，优点是方法简便、快速、易行，缺点是结果无法验证、适用范围仅局限在专家熟悉的领域和熟悉的区域，对于其他领域和区域不适用，需要重新制订。专家经验和判断所制订出的评价标准对于评价结果有着决定性的作用。

3. 统计分析法

该方法对样本值分析发现样本分布具有集聚性，对大量样本现状值进行分布统计、分析、分类拟合等，从而确定标准值、标准值函数和标准值区间等。陈昱、陈银蓉等（2012）构建指标体系、标准，应用 Bayes 方法评价湖北省典型企业工业用地集约利用情况。其中标准值设置为区间的形式，标准值区间的设置参照研究样本现状值的分布，具体做法是以 95% 样本现状值区间估计来确定指标的理想值。樊敏等（2009）以海南省为例，通过协调度模型评价城市的土地集约利用情况，其中地均固定资产投入的标准值是通过分析海南省理念变化趋势，利用二次多项式拟合的方式得到的。其他的指标标准，如人均建设用地指标、单位 GDP 交通用地指标、单位 GDP 水利设施用地指标等都是根据分析历年该数据的变化情况，同时对比分析其他省份该数据，最终确定指标标准。该方法的优点是标准制定依据大量样本数据，标准值精确可靠，可以视值和区间的形式给出标准，可以拟合出动态标准，适用性更强；缺点是制定此类标准需要有大量同类型样本作为标准制定的依据，同类样本数据的获取成为制定此类标准的关键。

产业用地集约利用评价研究中同样也涉及评价标准的问题，评价标准的制定对于评价结果有着决定性的作用。因此，标准制定的方法是产业用地集约利用评价研究的重点。标准制定应该根据不同类型的指标选择不同的方法。一些随经济发展水平变化而变化的经济关联指标，如地均工业用地产值、地均从业人员等，其标准的制定应当采用统计分析法，以大量的样本构建随经济发展水平变化的标准函数、标准区间。一些不受其他因素的影响，保持相对独立的独立性指标，如建筑密度、容积率等，其标准的制定应当采用参照法，参照国家和相应地区的已有标准和研究。产业用地集约利用评价在产业集聚和空间集聚的评价指标作为空间关联指标是首次提出的，没有相关的研究和参考，可以采用经验赋值法，通过专家的经验给定指标标准的最优值和合理范围。

（三）评价模型

对应评价指标体系，将研究对象现状值与标准代入评价模型计算，得到评价结果。因此评价模型客观衡量了现状值与标准的差异程度，并且确定了各指标评价结果对总体评价结果的影响程度。评价模型可以通过各种不同的评价方法来构建。不同的评价方法有不同的优缺点，适用于不同的情况，评价结果表达不同的含义。我国学者在土地集约利用评价模型和方法构建方面做了大量的研究和实证工作，概括起来有 3 类，分别是模糊评价法、智能化法和传统多因素综合评价法。

1. 模糊评价法

20 世纪 60 年代以前，以康托尔集合论为代表的传统数学只能描述非此即彼、外延分明的概念，对于亦此亦彼的模糊概念缺乏描述能力。美国数学家 L. A. Zadeh（1965）发表了《模糊集合》（Fuzzy sets）一文，代表模糊数学（Fuzzy）的诞生，它将经典集合论扩展为模糊集合论，有效地解决了对于模糊概念的描述。经过多年的发展，模糊数学已经广泛应用于模糊控制、识别、分析、判断等领域。模糊评价遵循模糊变换原理与最大隶属度原则，在对涉及模糊因素影响的对象进行多目标评价时，采用定性与定量相结合的方式，包含确定评价因素与评语集、确定各因素权重、选择隶属函数进行单因素评价、构建模糊关系隶属度矩阵等主要评价过程。模糊综合评价在土地领域有着广泛的应用。Schmidt 和 Hewitt（2004）根据基于几何学原理和空间位置信息的 DTM 数据，对模糊土地要素进行分类与评价研究。Islam 和 Metternicht（2005）对模糊因子在城市土地覆被模糊分类中的作用进行了相关的研究。Zoran 和 Zoran（2004）应用模糊逻辑方法对沿海地区环境变化模型进行了分析研究。Sahoo 等（2006）以土地、水、植物系统为研究对象，应用模糊多目标方法和线性规划原理进行相应的研究。国内学者在土地集约利用评价方面，采用模糊评价法做了大量工作。贾智海和郝晋珉（2011）以山西省长治市为例，采用模糊评价法开展土地集约利用评价，研究结果表明全市属于低度集约利用，土地投入水平与利用程度水平都较低。刘灵辉等（2007）以柳州市为例，建立了多层次指标体系，运用模糊综合评价方法对市区及6个县进行集约利用评价研究，结果表明各个区域间差异水平较小，集约利用的主要问题是居住用地比例过小。谭鑫等（2011）以模糊综合评价方法为基础，对因素权重赋值环节进行改善，采用熵权法来客观赋予权重值，避免了主观赋权法的缺陷，因此本研究可以看作是多种数学方法在土地集约利用评价中的综合运用。模糊评价法具有众多优点，其中单因素评价就可以通过隶属度函数的构建，运用模糊数学思想，表达评价因素现状值与标准值之间的适合程度，便于各种不同量纲评价结果的比较。但是模糊评价也有自身的缺陷，如其不能解决评价指标之间具有相关重复信息的问题，还有隶属度函数选择难度较大的问题，权重值需要借助其他客观赋值法的问题，因此该方法还需要进一步完善。

2. 智能化法

智能化法主要指人工神经网络法（Artlfieial Neural Network），它通过对现有大量样本数据进行反复分析、学习、判断并记忆存储，同时不断进行自我修正，使内部神经网络权值分布于一个稳定的区域内，在掌握评价对象的基本特征后，能够对同类型的对象进行评价。人工神经网络有很多种类型，BP 网络（Back - ProPagation Network）集合了人工神经网络的主要优点，应用最广（苑希民等，2002），其特点是结构简单、可塑性强，对于多指标之间复杂的非线性关系具有很好的解决能力。缺点也比较明显，对基础数据依赖度较高，需要通过大量的样本数据不断进行训练，才能得到较好的仿真结果。李焕、徐建春等（2011）运用 BP 人工神经网络对浙江省 11 个市开发区的土地集约利用水平进行评价，通过实例研究表明 BP 人工神经网络能够克服主观因素对评价结果的不利影响，具有一定的实用价值。朱红梅等（2009）采用该方法评价长沙历年土地集约利用水平，采用大量统计年鉴数据进行模型训练，将长沙 1999—2006 年现状数据代入后评价，结果显示长沙市土地集约利用水平处于稳定、波动、上升的过程中，总体上属于集约利用。常胜和李江风（2010）

以湖北省鄂州市为例，应用BP人士神经网络开展土地集约利用评价，根据其他12个类似城市各指标现状值设定指标标准，并进一步提供所需的训练样本数据。评价结果显示鄂州市土地利用属于中等集约状态，和实际相符。常青等（2007）采用理论研究加实证的方法，构建起适合城市土地集约利用评价的非线性方法，以深圳市各区县为例，将评价结果分为4级，分别是集约利用、适度利用、适度低效利用和低度利用，认为该方法可以避免人为主观因素的影响，能够反映出土地集约利用水平的区域差异情况。周子英等（2008）采用神经网络的方法，从时间和空间两个尺度上对长株潭城市群进行土地集约利用评价研究，研究结果表明，3座城市1999—2006年土地集约利用水平总体上逐步提高，从城市角度分析，长沙的土地集约利用水平好于湘潭，湘潭的情况又好于株洲。

3. 传统多因素评价法

传统多因素评价法是目前土地集约利用评价中使用最多的方法（郑新奇，2004；李霞和刘秀华，2005；刘力，2004；薛俊菲，2002；史丽君，2006；郭爱请，2006；汪波和郑家响，2006；宋红梅等，2007），且对数据质量要求不高，此方法使用较简单，容易操作。传统多因素评价法可细分为最小因子法、权重法和相对权重法。

最小因子法，由德国学者Baron Justus von Liebig于1840年首次提出，其内容主要是，在一个评价单元中，评价结果取决于评分最低的限制因子。将该方法应用到土地集约利用评价领域，可以表述为，在研究对象的众多土地集约利用评价指标中，如果有某项指标的评价结果属于不集约利用的情况，那么该指标就是评价单元中的最小因子，也就是限制性因子。因为限制性因子的出现，整体评价结果为不集约。反之，如果没有限制性因子的出现，那么评价结果取决于各个因子的平均水平。章牧（2003）以福州市整体为研究对象，从宏观上进行评价，构建了9项评价指标，应用最小因子法判定整体集约利用水平。研究结果显示福州市土地利用水平属于集约，而且其中5项指标属于集约利用，4项指标属于适宜利用，评价结果较好。最小因子法的优点从操作性上看还是较为简便易行的，缺点是当一个评价单元没有明显的限制性因子时，评价的结果会偏差较大。

多因素评价时，各个评价因子对总体评价结果的重要性和影响程度不同，因此计算总体评价结果时需要根据各个评价因子对总体结果的影响程度赋予不同的权重，这就是权重法。权重的赋予有多种方法，包括特尔斐法，也就是邀请研究某类问题的专家，通过专家的知识与经验的方式为评价指标赋予权重。也可以采用数学方法进行相对客观的权重赋值，比如熵值法等方式赋予权重。陈曦炜和宋伟（2009）在对北京市海淀区农村居民点进行集约利用评价时，采用多因素综合评价的方法，通过层次分析法和专家咨询法赋予指标权重值。陈伟等（2012）采用基于产业差异修正的方法对江苏省工业行业土地集约利用进行评价研究，其评价指标权重值主要通过 *Saaty's* 方法取得，该方法首先采用指标打分，然后建立判断矩阵，计算权重值并检验，属于专家经验与数学方法相结合的方式。姜仁荣和李满春（2006）对区域土地集约利用与评价进行了理论上的研究，提出了评价指标体系、指标现状值与标准值的获取、权重的设定等问题的方法，并认为权重值应当采用 Delphi 法获取，即专家打分法。权重法可以很好地衡量不同评价因子对总体集约利用水平的影响，但权重法也有缺陷。首先，相同的评价指标在不同的评价单元，权重不同。采用相同的评价体系，评价不同的对象，也就是在不同的评价单元中，权重需要重新计算，因为相同的评价指标在不同评价单元中现状值各不相同，他们对总体评价结果的影响也不同，所以必须重新计算权重，导致其通用性较差。其次，如果评价单元中某评价因子的样本变异过大，导致限制性因子的出现，那么采用权重赋值的方式很可能无法正确表现出该因子的限制性，评价结果可能会不正确。

因为以上两种方法存在诸多缺陷，因此在综合两种方法优点的前提下，张军连和林培（1994）充分考虑了不同评价单元样本的变异程度问题，以及每个因子对整体评价结果的影响程度，提出了相对权重模型。评价指标权重的大小取决于该因子的取值以及该评价单元内其他因子的共同取值。当评价单元中存在某个限制性因子时，该因子对整体影响较大，赋予其较大的权重，其他因子的权重就较低，导致整体评价结果较低，也就是最小因子法的基本思路；当评价单元不存在某个限制性因子时，某个因子的权重由自己和其他因子共同决定，也就是权重法的基本思路。最小因子法和权重法是相对权重法的两种情况。评价单元中，因为各个评价因子的量纲不同，所以无法衡量哪个因子的现状值更符合标准。相对权重法采用模糊数学中的隶属函数来表示样本值与标准值之间的符合程度。根据不同类型的指标构建不同的隶属度函数，代入相对权重模型，得到各因子的相对权重。该方法较好地综合了传统多因素评价各个方法的优点，去除了缺点，同时方法简便、适用性较强，因此产业用地集约利用评价模型采用该方法。

2.3.3 城市产业用地集约利用预警研究

目前，预警在土地上的应用集中在土地资源可持续利用方面，主要是对耕地资源保有量、可建设用地资源数量以及土地生态安全等方面的预警。葛向东等（2002）以耕地总量动态平衡的监测为研究对象，强调数量与质量的并重，警情的设定采用反映耕地系统状况偏离程度的目标预警系数方法，将警情设为轻警、中警、重警和剧警，并设立相应的阈值，并以无锡市马山区为例开展实证研究，取得较好的效果。陶青山等（2007）以土地资源的可持续利用为研究对象，从生产力、稳定性、保护性、经济可行性、社会指标 5 个方面建立预警体系，并进行理论分析，但本研究在预警阈值的制定、预警预测模型的研究和建立预警信息系统方面的研究还有待进一步完善。胡兆量（2005）以城市土地集约利用为目的，开展城市土地预警研究，提出两条主要预警指标，首先是城市发展所需建设用地资源可使用年限，其次是对耕地资源占用的情况。警情也分为 10 ~ 20 年即用完的红色警情和 40 年用完的黄色警情。车学文和叶菁（2007）首先研究城市土地供给与需求理论模型，然后以云南省房地产市场供需实际进行研究，提出将地价涨落作为城市土地供给的预警指标，分为5个等级，表明城市土地的供求关系。谭敏等（2010）以城镇建设用地布局可能会造成的区域生态安全问题为题，考虑主要的生态预警因子，包括地形地貌、水文地灾等构建预警体系，开展城镇建设用地空间布局合理性的预警研究。

以上预警研究丰富了土地利用预警的研究内容，但在建设用地集约利用方面几乎没有相关的研究。预警是指提前认识到未来某一时刻存在的风险，并采取相应措施避免险情的出现。同理，产业用地集约利用预警是现在就认识到未来某一时刻产业用地有不集约利用情况存在的风险。因为随着经济发展水平的不断提高，产业用地集约化水平也会显著提高，产业用地集约利用的标准随之提高。一些现状利用水平达到集约的产业用地，在未来一定时期，由于标准的提高，会出现不集约的现象。预警的目的，就是要及时发现产业用地在将来一定时期其用地规模、结构、利用强度和布局的集约利用程度，并依据预警结果采取相应的措施防止不集约现象的出现。

因此根据以上概念，预警与评价采用相同的指标体系和评价模型，只是采用未来预期发展水平下的标准。由此得到的结果，客观上衡量了评价对象现状与预期目标的差距。结合对评价对象发展趋势的判断，就可给出产业用地是否可以持续保持集约状态的评价。同时根据现状与目标差距的大小，可及时发出相应的警报，提示决策者做出相应的反应，以期避免产业用地不集约现象的发生。

第三章　产业用地面积分摊方法研究

现行的土地分类与国民经济行业分类缺乏有效衔接，导致缺乏各类型产业用地现状数据。为保证产业用地集约利用评价工作的顺利开展，本章设计产业用地面积分摊计算方法，引入城镇地籍数据和人口普查数据，把产业单位经济属性赋予土地，在现有土地分类的基础上将城市第二、三产业用地类型进一步细分，与国民经济行业分类衔接，达到获取各类型产业用地现状数据的目的。并在此基础上，进一步绘制产业用地现状分布图，为城市产业用地集约利用评价提供数据基础。

3.1　问题的提出

为应对全球经济发展放缓，保持我国经济平稳增长，党的“十八”报告和“十二五”规划都明确提出要加快转变经济发展方式、优化调整产业结构。城市第二、第三产业是结构调整的重点对象。产业结构和产业用地结构之间存在着密切关系（张海兵等，2007；张颖等，2007；鲁春阳等，2010；鲁春阳，2011；杨庆媛等，2010；杜学，2012；袁丽丽，2006；李琴等，2008；靳瑞萍，2010）。一方面，产业结构调整是产业用地结构变化的驱动力，产业用地结构变化应反映产业结构调整的思路与效果；另一方面，产业用地结构调整是产业结构调整的重要手段，通过产业用地在国民经济各行业的调配实现产业结构调整的目的。

所以准确掌握各类型产业用地面积、把握产业用地结构对于产业结构调整有重要意义。

现行的《土地利用现状分类》侧重于土地的自然属性，在土地调查、土地登记等方面作用显著（李树国和马仁会，2000），但对城市第二、第三产业用地划分相对粗略（刘平辉和郝晋珉，2003）。例如，工业用地划分为二级类，没有进一步细分，无法与各个具体的国民经济行业门类和大类对应；商服用地比工业用地级别高，属于一级类，虽然进一步细分四类，但相对于国民经济行业划分还是较粗，无法对应，同时以上划分并没有涵盖全部的商服行业用地；其他第三产业，如卫生、社会保障和社会福利业等的用地在该分类中并没有体现。基于以上，现行的土地分类在城市第二、第三产业用地划分上与国民经济行业分类缺乏有效衔接，无法准确掌握城市各类第二、第三产业用地类型与面积为产业结构调整服务。

目前，已有的研究多集中于土地分类方法和分类依据上，专门针对土地分类与经济分类衔接的研究并不多。周杨杨（2010）提出基于城乡统筹规划的土地分类统一性研究，对《城市分类标准》进行补充和调整，形成两个层次的土地分类，与国民经济行业部分门类衔接；刘平辉（2003）以产业用途作为土地利用分类的划分标准，提出土地利用产业分类体系，与国民经济行业完全衔接。根据土地用途、权属单位等信息将宗地面积划分到各类，但宗地的行业属性判断依据较差，且同一宗地上无法将面积细化到不同的产业类型，所以无法准确掌握各类型产业用地面积。

本章正是基于前人研究成果和存在的问题，试图建立一种方法，在现有土地分类的基础上将城市第二、第三产业用地类型进一步细分，达到与国民经济行业分类完全衔接的程度，同时根据土地的产业属性将原有土地分类方式的面积分摊成各类型产业用地面积，在此基础上进一步汇总，准确掌握城市范围内各级类型产业用地比重和分布，为产业用地结构调整、产业结构升级转型提供有用的依据和指导。

3.2 产业用地类型划分及其面积分摊技术路线

3.2.1 关于产业用地类型的划分

(1) 产业与产业用地对应关系

将国民经济各产业在实际生产、经营和提供劳务过程中所使用的土地确定为国民经济产业用地类型，对应关系见表3－1。

表3－1 产业与产业用地对应关系表

门类	产业名称	产业用地类型
A	农、林、牧、渔业	农、林、牧、渔业用地
B	采矿业	采矿业用地
C	制造业	制造业用地
D	电力、燃气及水的生产和供应业	电力、燃气及水的生产和供应业用地
E	建筑业	建筑业用地指建筑公司本部营业办公用地，不包括建筑生产、安装工程用地，此类应按照实际情况划入相应类别
F	交通运输、仓储和邮政业	交通运输、仓储和邮政业用地指具体用于交通运输、仓储和邮政的经营用地、场站用地，不包括道路用地本身
G	信息传输、计算机服务和软件业	信息传输、计算机服务和软件业用地
H	批发和零售业	批发和零售业用地
I	住宿和餐饮业	住宿和餐饮业用地
J	金融业	金融业用地
K	房地产业	房地产业用地包括房地开发经营等活动使用的土地，不包括房地产企业开发住宅、商业楼等占用的土地，这些土地属于住宅用地和其他商业用地。

续表

门类	产业名称	产业用地类型
L	租赁和商务服务业	租赁和商务服务业用地
M	科学研究、技术服务和地质勘查业	科学研究、技术服务和地质勘查业用地
N	水利、环境和公共设施管理业	水利、环境和公共设施管理业用地
O	居民服务和其他服务业	居民服务和其他服务业用地
P	教育	教育用地
Q	卫生、社会保障和社会福利业	卫生、社会保障和社会福利业用地
R	文化、体育和娱乐业	文化、体育和娱乐业用地
S	公共管理和社会组织	公共管理和社会组织用地
T	国际组织	国际组织用地

国民经济各产业生产、经营和提供服务所使用的土地就是相应的产业用地，大多数产业与用地是可以一一对应的，如说制造业在生产过程中所使用的土地就是制造业用地。但是有些产业与产业用地却不能简单地一一对应，如建筑业与建筑业用地，建筑业是专门从事土木工程、房屋建设和设备安装以及工程勘察设计工作的生产部门，但建筑业用地是指建筑公司本部经营办公用地，并不包括建筑生产、安装工程的施工用地，这部分土地应按照实际情况，划入相应的工业用地、商服金融用地、住宅用地等；类似的情况还有交通运输、仓储和邮政业，这类用地是指具体用于交通运输、仓储和邮政的经营用地、场站用地，但并不包含道路用地本身；还有房地产用地，指房地产开发经营等活动使用的土地，但并不包括房地产企业开发的住宅、商业楼等占用的土地，这些土地属于住宅用地和其他商业用地类型。

（2）产业用地与非产业用地划分区别

土地根据相应的产业用途可以划分到相应的产业用地，但并不是所有的土地都是产业用地，都有产业用途，因为土地不仅仅要满足国民经济各个产业的需求，还要满足人类生产、生活各个方面的需要。比如，满足人类生活、休憩需求的住宅用地、道路用地、广场、公园与绿地等都不是产业用地，但都与人类日常生活息息相关。因此判断土地是否为产业用地的依据是该土地是否有相应的产业用途。

3.2.2 面积分摊技术路线

本研究以经济普查数据、人口普查数据和城镇地籍数据作为研究基础，利用地理信息系统软件 ArcGis9.3 按照空间位置属性将这 3 种数据进行对接，将产业单位的经济属性赋予宗地。

产业单位与宗地对接，对于宗地来说有两种情况：一是宗地上没有产业单位。表示该宗地上没有实际的生产经营活动，因此不在本文研究范围内。在城市范围内可以具体表现为住宅用地、道路、广场、公园、绿地等非产业宗地，也可能是市辖区范围内的农地等。二是宗地上有产业单位，这种情况又分为 2 种情形：①一对一，一块宗地对应一种类型的产业单位；②一对多，一块宗地上存在多种类型的产业单位。以上 2 种情形可以导致 2 种宗地类型：单一类型产业宗地（一块宗地上只有一种产业单位）；混合类型产业宗地（一块宗地上有多种产业单位）。

单一类型产业宗地上有且仅有一种类型的产业单位，因此该产业单位的行业类型就是该宗地的产业类型，与国民经济行业分类完全对应，并且可以按照门类、大类、中类、小类逐级细分。本宗地面积就是该类型产业用地面积，单一类型产业宗地的情况比较简单。

在实践中，一般产业用地类型的划分都比较细致，可能深入至国民经济行业的小类。而且通过日常实际生活可知，一块宗地上只有一种产业单位的单一类型宗地比例较少，绝大多数情况都是各种类型的产业单位在同一块宗地上进行各种混合经营生产活动的混合类型宗地。这给产业用地集约利用评价需要掌握详尽的各种产业单位面积与分布造成了实质上的障碍，而且无法回避，所以集约利用评价必须首先解决这个问题，通过一定的手段与方法将宗地面积分摊到各种类型的产业上。基于以上目的，进一步分析如下。

混合类型产业宗地根据产业单位类型和宗地属性的不同，进一步细分为以下两种情况。

（1）产业用地内部混合。产业宗地上含有多种类型的产业单位，也就是说多种类型产业单位在本宗地上从事不同种类的生产经营活动。因此该宗地的产业类型就是由多种产业单位行业类型决定的混合用地类型。为达到准确掌握不同类型产业用地面积的要求，需要对混合类型产业宗地面积进行分摊，按照该宗地上各种类型产业单位的经济属性，通过一定的数学方法，将宗地面积分摊到不同类型的产业用地上，具体方法见下节。

（2）产业与非产业用地混合。这种情况是指非产业宗地上含有产业单位。在城市范围内比较常见的情况有：住宅用地属于非产业用地，为住宅配套的商业零售单位会按住宅人口成比例地布局在住宅用地上，方便住户的日常需求；类似公园、绿地、风景名胜区等非产业用地上会配套一些便民服务的商业零售单位等。而且我们认为以上情况的出现是合理的。所以在产业用地类型的划分和面积的分摊上要区分这种情况，首先将非产业宗地上产业单位的用地面积分摊出来，具体方法见下节。然后按照各类产业单位的经济属性，通过一定的数学方法，将分摊出来的产业单位用地进一步区分各种产业用地的类型与面积，这和产业用地内部混合的情况是相同的。整个产业用地面积分摊的技术路线见图 3－1。

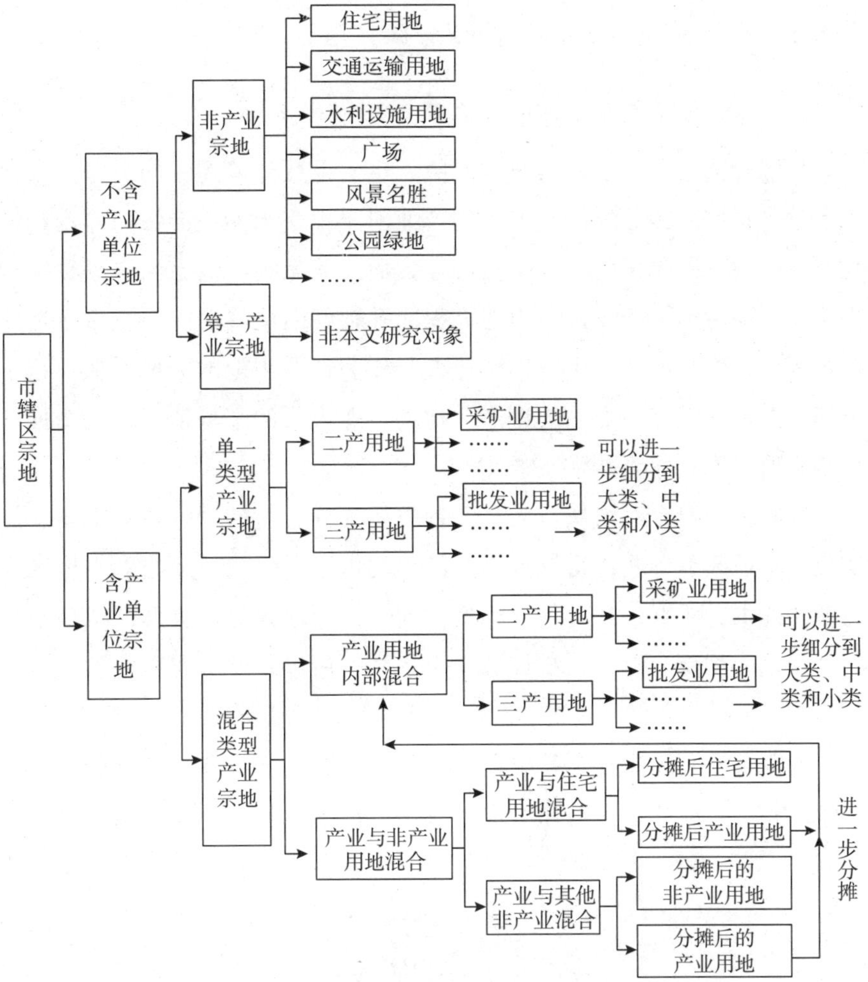

图 3－1　产业用地面积分摊技术路线图

3.3　面积分摊与计算方法

在现实情况中，单一类型产业宗地所占比例一般比较少，大多是混合类型的产业宗地。这直接影响到能否准确掌握各种类型产业用地的面积和分布，所以必须进行面积分摊工作。

3.3.1 产业用地内部混合面积分摊方法

（一）计算各产业推算分摊系数

将混合类型产业宗地的面积参照一定的系数分摊到不同类型的产业上，这个系数能够反映出不同类型产业对土地需求的差异性，体现在地均产值、地均税收、地均从业人员等方面。考虑到产值、税收等数据的保密性，同时不同产业人均用地面积能够较好地反映出该产业对土地的需求程度，因此本文选用地均从业人员作为产业用地的分摊系数。这个分摊系数是城市范围内该类型产业地均从业人员的平均值，是一个推算出来的值，因此称为推算分摊系数。

计算不同产业地均从业人员，首先要找到合适的样本。样本要求能够反映本地区本行业地均从业人员的平均水平，因此必须选取本地区本行业的样本，而不是参考其他标准。同时，考虑到混合类型产业宗地各行业用地面积待分摊，无法计算这个系数。所以，样本在单一类型产业宗地中选取。

计算某产业推算分摊系数，将城市内全部有且只有该类型产业单位坐落的单一类型产业宗地作为样本选出，以样本整体为对象，计算公式见式 3－1：

$$XS_i = \frac{\sum RY_i}{\sum MJ_i \times A} \quad \text{（式 3－1）}$$

XS_i 表示 i 产业推算分摊系数，RY_i 表示样本中 i 产业的单一类型产业宗地上的从业人员，MJ_i 表示样本中 i 产业的单一类型产业宗地面积，A 表示对应宗地的容积率。

式 3－1 表示在 i 产业的单一类型产业宗地样本中，i 产业推算分摊系数等于从业人员之和除以建筑面积之和，表达了产业推算系数就是单位建筑面积从业人员的实际含义。

（二）计算宗地的推算分摊面积

以某一混合类型产业宗地地块为对象，计算该宗地上不同类型产业单位的推算分摊面积，计算公式见式 3－2：

$$mj_i = \frac{\sum rs_i}{XS_i} \div A \qquad (式3-2)$$

mj_i 表示该混合类型产业宗地上 i 产业的推算分摊面积，rs_i 表示该宗地上 i 产业单位的从业人员，XS_i 表示 i 产业推算分摊系数，A 表示该宗地的容积率。上式表示混合类型产业宗地上 i 产业的推算分摊面积通过 i 产业从业人数之和除以该产业推算分摊系数和该宗地容积率得到。表达了在各行业不同的用地水平下，一定数量从业人员所需土地量的含义。该混合宗地上其他产业类型 j 的推算分摊面积计算方法相同。

（三）计算宗地的实际分摊面积

通过计算，得到某块混合宗地上各种产业类型的推算分摊面积之后，我们就可以通过汇总的方式来得到该宗地各种类型产业的推算分摊面积汇总值。此时的推算分摊面积仅仅是通过数学计算得到的理论上的面积，因此该宗地推算分摊面积之和可能不等于宗地的实际面积，所以继续计算实际分摊面积，计算公式见式 3－3：

$$HS_i = \frac{mj_i}{\sum mj_i} \times MJ \qquad (式3-3)$$

HS_i 表示混合宗地上 i 产业的实际分摊面积，mj_i 表示混合宗地上 i 产业的推算分摊面积，MJ 表示该混合宗地的面积。上式通过各类产业推算分摊面积占推算分摊面积之和比例的方法，在宗地面积的基础上确定各类产业的实际分摊面积。

3.3.2 产业与非产业用地混合面积分摊方法

非产业宗地上含有产业单位时，要计算各类产业用地面积，首先要区分开非产业用地面积和产业用地面积，然后在产业用地面积内部进一步分摊各类产业用地的面积。区分产业与非产用地面积分为两种情况。

（1）产业与住宅用地混合。产业用地与住宅用地面积分摊思路与上节类似。首先计算住宅用地推算分摊系数。以研究区域内所有不含产业单位的住宅用地作为样本，提取样本内的建筑面积和住宅人数并汇总，采用式 3 - 1 的方法得到住宅用地推算分摊系数，该系数表达了单位建筑面积容纳住宅人口数量的实际含义。其次计算住宅用地推算分摊面积。以每个含有产业单位的住宅宗地地块作为研究对象，已知该宗地上的住宅人数和各类产业的从业人数，通过住宅用地推算分摊系数和各类产业的推算分摊系数，采用式 3 - 2 的方法得到该宗地上住宅用地推算分摊面积和各类产业的推算分摊面积。最后计算住宅用地实际分摊面积。以每个含有产业单位的住宅宗地地块作为研究对象，已知该宗地的面积、住宅用地推算分摊面积和各类产业的推算分摊面积，采用式 3 - 3 的方法得到住宅用地实际分摊面积和各类产业的实际分摊面积。

（2）产业与其他非产业用地混合。类似公园、绿地、风景名胜区等非产业用地上配套的便民服务的产业单位，按照各类产业对土地的需求计算产业用地面积，剩余的就是非产业用地面积。各类产业对土地的需求可以采用上节中推算分摊面积的方法计算。当某宗地上各类产业推算分摊面积之和小于或等于宗地面积时，推算分摊面积之和就是产业用地面积，各产业推算分摊面积就是各类产业用地面积，剩余的就是非产业用地面积；当推算分摊面积之和大于宗地面积时，该宗地全部为产业用地，在推算分摊面积的基础上计算各类产业的实际分摊面积，方法与上节相同。

3.3.3 产业用地面积计算方法

通过以上混合类型产业用地的两种情况可以计算出混合类型产业宗地上各类产业的分摊面积。在此基础上，城市范围内 i 产业用地面积之和 S_i 计算公式见式 3 - 4：

$$S_i = \sum DS_i + \sum HS_i \qquad \text{（式 3 - 4）}$$

DS_i 表示 i 产业单一类型产业用地面积，HS_i 表示 i 产业混合类型产业用地面积。

计算出各类产业用地面积后，可以按照国民经济行业小类、中类、大类、门类的对应关系逐级汇总得到上级类的产业用地面积。

3.4 合肥市产业用地面积分摊实证分析

3.4.1 研究区域概况

2008 年，合肥市成为全国唯一的节约集约用地试点市，所以本研究以合肥市为实证研究对象。安徽省会城市合肥市，处于安徽省中部地区（坐标为北纬 31 度 52 分、东经 117 度 17 分），地处长江淮河之间、巢湖之滨，合肥承东启西、贯通南北，距离南京仅 128 公里，距离上海 500 公里，地理位置十分优越（见图 3－2）。合肥市现辖四县、一市、四区及三个国家级开发区。全市东西长 133 公里，南北长 124 公里，全市土地总面积为 7047.01 平方公里，其中市区面积为 838.52 平方公里，城区面积为 565.50 平方公里，建成区面积为 325.91 平方公里，市区人口为 214.37 万人，城区人口为 202.01 万人（中华人民共和国住房和城乡建设部，2011）。2010 年生产总值为 2702.5 亿元，三次产业结构为 4.9∶53.9∶41.2，处于工业化阶段，并且工业比重处于不断上升中。

图 3－2 合肥市地理位置图

3.4.2 基础数据

（一）经济普查数据

经济活动的主体是产业单位，产业单位的经济活动都是在具体的宗地上进行的。宗地上产业单位的经济属性决定了该宗地的实际土地用途，同时也可以根据产业单位的经济属性将该宗地的土地用途进一步细分到国民经济行业分类的土地产业用途。经济普查数据是城市产业单位数据的集合。因此，经济普查数据是实现土地与国民经济分类衔接、面积细化的重点，也是本文的基础数据。

本文以合肥市为例，产业单位数据采用2009年调查的合肥市第二次经济普查数据（时期数据为2008年全年合计数），获取市辖区内产业单位25299个。产业单位的经济属性主要包括单位名称、行业代码、从业人数、权属性质等，详见第二次全国经济普查方案。同时为所有产业单位赋予空间位置信息，通过产业单位名称与宗地权利人匹配、实地调查、登记注册地址判断等方法将产业单位全部落实在每宗地上，做到与宗地对应。

（二）城镇地籍数据

城镇地籍数据是本文的基础数据，包括宗地属性信息和宗地空间位置信息。为与经济普查数据匹配，采用2008年城镇地籍调查数据。以合肥市为例，获取市辖区内宗地26262块。宗地属性信息主要包括宗地号、土地用途、宗地面积、建筑密度、容积率等信息。

（三）人口普查数据

为科学合理分摊住宅用地与产业用地面积，分摊计算需要住宅小区的居住人口数，所以采用人口普查中的普查小区居住人口数据。本文经济普查数据与城镇地籍数据时点皆为2008年，与此时点最接近的人口数据为2010年第六次全国人口普查数据，因此采用合肥市第六次全国人口普查中普查小区居住人口数据。研究区域范围内，获取普查小区人口数据8031个。同时为数据赋予空间位置信息，通过坐落地址将该数据以点格式落实在每宗住宅用地上。

3.4.3 推算分摊系数

本文以合肥市为例，以合肥市城镇地籍数据和第二次经济普查数据为基础，进行面积分摊计算。抽取区域内全部有且只有单一类型产业单位坐落的产业宗地样本，计算各产业的推算分摊系数。以制造业和商业金融服务业为例，各种产业类型的样本所占比例、方差与推算分摊系数见表3－2和表3－3。

表3－2 合肥市制造业用地推算分摊系数表

大类	样本数量（个）	产业单位总数（个）	样本所占比例（%）	方差	推算分摊系数（人/平方米）
农副食品加工业	9	68	13.24	0.000042422	0.003440907
食品制造业	8	68	11.76	0.001164380	0.049745402
饮料制造业	3	23	13.04	0.000075037	0.010373182
烟草制品业	2	3	66.67	0.000050000	0.029040510
纺织业	3	56	5.36	0.000005932	0.003374858
纺织服装、鞋、帽制造业	17	133	12.78	0.000014700	0.017412655
皮革、毛皮、羽毛（绒）及其制品业	2	22	9.09	0.000000045	0.001067416
木材加工及木、竹、藤、棕、草制品业	2	25	8.00	0.000000050	0.003683533
家具制造业	16	114	14.04	0.000351486	0.014214240
造纸及纸制品业	7	76	9.21	0.000206420	0.012048910
印刷业和记录媒介的复制	23	233	9.87	0.000032760	0.005545885
文教体育用品制造业	2	6	33.33	0.000050000	0.030308634
石油加工、炼焦及核燃料加工业	2	4	50.00	0.000015680	0.039886001

续表

大类	样本数量（个）	产业单位总数（个）	样本所占比例（%）	方差	推算分摊系数（人/平方米）
化学原料及化学制品制造业	7	109	6.42	0.001964340	0.064045585
医药制造业	11	40	27.50	0.001556324	0.036348608
化学纤维制造业	2	3	66.67	0.000000080	0.001520163
橡胶制品业	6	28	21.43	0.000027598	0.007070268
塑料制品业	10	179	5.59	0.000277254	0.013566376
非金属矿物制品业	25	248	10.08	0.000050924	0.004415137
黑色金属冶炼及压延加工业	3	8	37.50	0.000019264	0.007189398
金属制品业	31	335	9.25	0.000099657	0.007302548
通用设备制造业	37	314	11.78	0.000031553	0.008363385
专用设备制造业	33	239	13.81	0.000088857	0.007787017
交通运输设备制造业	17	303	5.61	0.000033104	0.006794368
电气机械及器材制造业	30	306	9.80	0.000005367	0.030015587
通信设备、计算机及其他电子设备制造业	11	128	8.59	0.000282558	0.012542807
仪器仪表及文化、办公用机械制造业	15	70	21.43	0.000495109	0.014514964
工艺品及其他制造业	2	34	5.88	0.000000020	0.002067451
废弃资源和废旧材料回收加工业	2	17	11.76	0.000000500	0.010248703

表 3－3　合肥市商业金融服务业用地推算分摊系数表

大类	样本数量（个）	产业单位总数（个）	样本所占比例（%）	方差	推算分摊系数（人/平方米）
电信和其他信息传输服务业	13	136	9.56	0.000192241	0.013137561
计算机服务业	55	585	9.40	0.000004019	0.001733475

续表

大类	样本数量（个）	产业单位总数（个）	样本所占比例（%）	方差	推算分摊系数（人/平方米）
软件业	18	302	5.96	0.000063448	0.005662121
批发业	232	4176	5.56	0.000005600	0.014051605
零售业	364	3391	10.73	0.000031067	0.008699063
住宿业	25	262	9.54	0.000006667	0.016362337
餐饮业	62	551	11.25	0.000250000	0.026302736
银行业	50	322	15.53	0.003319513	0.079026546
证券业	2	35	5.71	0.000038333	0.063526546
保险业	20	115	17.39	0.001343491	0.112552448
其他金融活动	6	111	5.41	0.000027811	0.005913924
房地产业	210	1609	13.05	0.000791117	0.013721464
租赁业	11	148	7.43	0.000004564	0.002124332
商务服务业	193	2689	7.18	0.000270000	0.089369228
居民服务业	36	341	10.56	0.000092397	0.006630573
其他服务业	43	312	13.78	0.002804567	0.061106253

通过表3-2、表3-3可知，各产业类型推算分摊系数采用的样本量均在5%以上，制造业样本比例高于商业金融服务业样本比例，两者平均样本比例在10%左右，个别行业样本比例较高是该行业产业单位数量较少造成的。制造业和商业金融服务业的方差较小，表示每个行业内部的样本之间的差异性不大，波动性相对较小，同时商业金融服务业样本方差大于制造业样本方差，说明商业金融服务业各行业内部的差异性大于制造业各行业内部的差异性。从以上分析可知用于计算各产业推算分摊系数的样本具有很好的代表性，计算出的推算分摊系数可以用于面积分摊计算。通过以上数学方法，计算出各行业的推算分摊系数，从表中可知商业金融服务业的推算分摊系数总体上大于制造业的分摊系数，表示单位建筑面积商业金融服务业的从业人数多于制造业的从业人数。

3.4.4 产业用地面积

在计算出推算分摊系数的基础上，通过面积分摊计算方法，就可以将土地面积细化到各国民经济行业类型。根据不同的需要，将面积逐级汇总，从而准确掌握城市范围内各主要类型产业用地面积，在各门类的基础上进一步汇总得到合肥市产业用地分摊面积和比例，见表 3－4。分摊结果显示，合肥市产业用地总面积为 11204.56 公顷，按照《国民经济行业分类 GB/T4754－2011》，共有 12 门类、78 大类、205 中类和 636 小类的产业用地类型，合肥市 12 个门类的产业用地面积见表 3－4，各个大类、中类和小类的产业用地面积这里不一一列举。

表 3－4 合肥市各门类产业用地分摊面积汇总表

门类代码	名称	面积（公顷）	比重
B	采矿业	0.00	0.00%
C	制造业	3879.36	34.62%
D	电力、燃气及水的生产和供应业	3.75	0.03%
E	建筑业	851.83	7.60%
F	交通运输、仓储和邮政业	195.17	1.74%
G	信息传输、计算机服务和软件业	393.52	3.51%
H	批发和零售业	2242.08	20.01%
I	住宿和餐饮业	540.64	4.83%
J	金融业	307.44	2.74%
K	房地产业	1428.55	12.75%
L	租赁和商务服务业	1097.53	9.80%
O	居民服务和其他服务业	264.68	2.36%
合计		11204.55	100.00%

按照国家统计局 2003 年颁布的《三次产业划分规定》（见表 3－5），将面积分摊计算模型得到的各国民经济行业类型的分摊面积按照第二产业和第三产业的归类方法汇总，得到第二产业用地 4734.94 公顷，第三产业用地 6469.61 公顷。

表 3－5　三次产业划分规定

三次产业类别	门类代码	门类名称
第一产业	A	农、林、牧、渔业
第二产业	B	采矿业
	C	制造业
	D	电力、燃气及水的生产和供应业
	E	建筑业
第三产业	F	交通运输、仓储和邮政业
	G	信息传输、计算机服务和软件业
	H	批发和零售业
	I	住宿和餐饮业
	J	金融业
	K	房地产业
	L	租赁和商务服务业
	O	居民服务和其他服务业

同时，各类型产业用地面积的大类、中类、小类也可以依次展示出来，以制造业和商业金融服务业（第三产业全部大类）为例，合肥市制造业、商业金融服务业各大类用地面积见表 3－6，表 3－7。

表 3－6　合肥市制造业用地分摊面积表

大类	分摊面积（公顷）	大类	分摊面积（公顷）
农副食品加工业	187.82	化学纤维制造业	1.64
食品制造业	256.86	橡胶制品业	12.39
饮料制造业	4.64	塑料制品业	110.62
烟草制品业	2.08	非金属矿物制品业	662.44
纺织业	62.06	黑色金属冶炼及压延加工业	17.93
医药制造业	22.37	有色金属冶炼及压延加工业	0.00
纺织服装、鞋、帽制造业	302.85	金属制品业	211.45
化学原料及化学制品制造业	75.38	通用设备制造业	656.59

续表

大类	分摊面积（公顷）	大类	分摊面积（公顷）
家具制造业	54.34	专用设备制造业	145.28
造纸及纸制品业	103.72	交通运输设备制造业	190.34
印刷业和记录媒介的复制	252.53	电气机械及器材制造业	285.29
仪器仪表及文化、办公用机械制造业	74.07	通信设备、计算机及其他电子设备制造业	104.00
石油加工、炼焦及核燃料加工业	2.84	文教体育用品制造业	0.38
皮革、毛皮、羽毛（绒）及其制品业	48.95	工艺品及其他制造业	11.59
木材加工及木、竹、藤、棕、草制品业	16.56	废弃资源和废旧材料回收加工业	2.35
制造业合计	3879.36		

表3－7　合肥市商业金融服务业用地分摊面积表

大类	分摊面积（公顷）	大类	分摊面积（公顷）
电信和其他信息传输服务业	81.80	证券业	1.76
计算机服务业	245.86	保险业	195.35
软件业	65.86	其他金融活动	27.17
批发业	1229.59	房地产业	1428.55
零售业	1012.49	租赁业	229.35
住宿业	185.20	商务服务业	868.18
餐饮业	355.43	居民服务业	87.52
银行业	83.16	其他服务业	177.17
商业金融服务业合计	6274.44		

3.4.5　产业用地分布

通过产业用地面积分摊方法，每宗地上各类产业的分摊面积都可以计算出来。在城市范围内将含有某一类产业的所有宗地都提取出来，表示在城镇地籍图上，就形成了该类产业用地分布图。根据每宗地上该类产业用地占宗地面积的比例，用不同的颜色标示在图上，便于寻找以该产业为主的集中分布区。根据不同的需要，将相关分摊结果组合显示在图上，能够得到满足不同决策分析需要的各种类型的产业用地现状分布图，并且可以直观地获得各类型产业宗地的混合经营情况，详见附图1、附图3、附图4、附图6、附图7、附图8、附图10、附图11；以城市下辖各区行政范围为单位，可以将每个区内各类型产业用地数据分类汇总，得到该区的某类型产业用地数量，进一步地，根据该区内这类型产业用地在具体每宗地上的混合情况进行统计分析，得到该区这类型产业用地的现状总体混合情况，综合以上两点，可以绘制出分区、分类型的产业用地现状分布专题图，详见附图2、附图5、附图9。

3.5 本章结论

（1）按照土地的产业用途，划分产业用地类型，达到与国民经济行业分类相互衔接的目的，区分产业用地与非产业用地类型。

（2）设计了产业用地面积分摊技术路线，明确了各种类型宗地在面积分摊时的处理方式；引入经济普查数据、人口普查数据，并赋予空间位置信息，将经济属性赋予宗地，在此基础上提出了产业用地面积分摊方法与计算方法，实现了产业用地面积分摊的目的，获取了各类型产业用地面积数据和现状分布情况。

（3）进行实证研究，以合肥市为例，运用面积分摊计算模型，得到合肥市12个门类、78个大类、205个中类和636个小类的产业用地类型面积，根据分摊结果绘制合肥市产业用地分布图。实证研究显示，产业用地面积分摊计算方法可行，效果较好。

第四章　产业用地集约利用评价指标体系构建

评价指标体系是整个产业用地集约利用评价的重要内容。传统的集约利用评价指标多集中在强度方面，对规模、结构和布局评价研究较少。本研究的评价指标体系构建从评价的目的出发，重点考虑对评价对象有决定性影响的因素，因此本章将从规模、结构、利用强度和空间布局四个方面来构建产业用地集约利用评价指标体系，进一步阐述这四个方面具体的评价指标及含义。

4.1　评价指标体系构建

根据前一章模型思路与技术路线，城市区域产业用地集约利用评价主要从规模、结构、强度和布局四个方面考察。其中规模是研究区域产业用地数量与经济发展水平的适宜程度；结构是研究在这一定规模的产业用地内部各种产业用地类型之间的比例与经济发展水平的适宜程度；强度是研究这一定规模的、各种类型的产业用地投入、产出和使用效率与经济发展水平的适宜程度；布局是研究这一定规模的、各种类型的产业用地在空间上的分布、集聚度与经济发展水平的适宜程度。所以城市区域产业用地集约利用评价模型总体集约度由规模适宜度、结构适宜度、强度适宜度和布局适宜度这四个适宜度综合获得。

在构建多指标分类型的用地评价系统时，多采用层次分析方法按照目标层、准则层与评价指标层这样的类型来构建（王业侨，2006；谢忠镖和滕清安，2001）。这样构建的优点是层次明晰、类型清楚，能够从多方面综合评价研究对象。但在实际应用中，由于现有评价模型限制，致使评价结果只能由评价指示层到准则层，再到目标层，单向递进，得到最终评价结果，缺乏由目标层到准则层和评价指标层的问题反溯和各层之间的互动。所以本研究以相对权重模型（张军连和林培，1994）为基础，从规模、结构、强度与布局这些方面考量，构建三级收敛指标体系，实现各层之间的递进和反溯，见图 4－1。

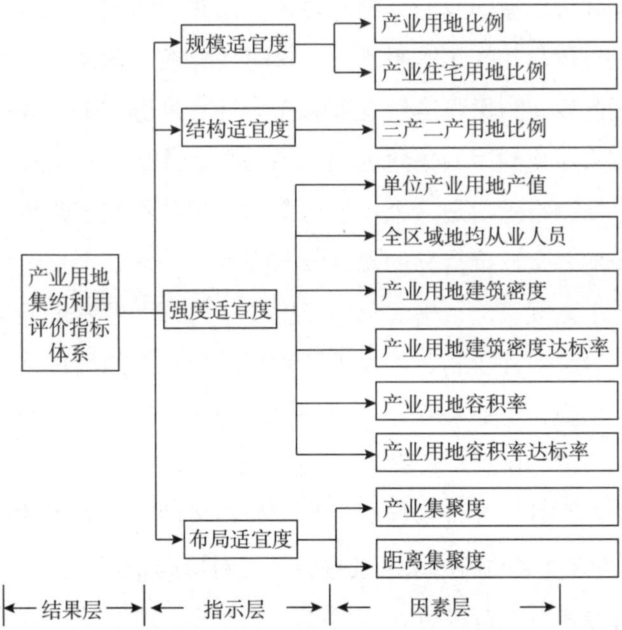

图 4－1　城市产业用地集约利用评价的三级收敛指标体系

图 4－1 所示的左侧叫作结果层，它是产业用地集约利用评价的总体结果，通过它可以判断研究对象区域产业用地集约利用的整体情况，对城市产业用地集约水平进行宏观把握，它的结果采用数值 0 到数值 1 表示。产业用地集约利用总体评价的结果值越靠近于数值 1，表示该区域产业用地总体的集约利用水平较高，这是由规模、结构、利用强度和布局四部分评价结果都较好构成的；产业用地集约利用总体评价结果越靠近于数

值0，表示该区域产业用地总体的集约利用水平较差，可能是规模、结构、强度和布局的某一部分或者是某几部分造成的。要具体分析造成产业用地集约度不高的原因，需要进一步分析，也就是分析指示层。

图4－1所示的中间部分叫作指示层，是对产业用地集约利用评价方面的归类，具体包括了产业用地集约利用的规模适宜度、结构适宜度、强度适宜度和布局适宜度4个方面。指示层起到的是桥梁和纽带的作用，是连接结果层和因素层的部分。通过结果层可以掌握城市产业用地集约利用的总体评价结果，我们得到总体评价结果后需要进一步分析，是什么原因导致总体集约利用水平不高，这时需要在指示层分析是规模适宜度、结构适宜度、利用强度适宜度和布局适宜度哪方面出现问题，才能对应地在因素层找到限制集约利用水平的具体评价指标，找到解决的对策和依据，所以指示层是一个承上启下的作用。适宜度是指城市产业用地研究对象的各个评价指标的现状值与当前经济发展水平对应评价标准值的符合程度。规模、结构、利用强度和布局每个适宜度又包含了能够表达其具体含义的评价指标，详见因素层。指示层的评价结果的表达方式与结果层类似，也是采用0～1的数值表达各个适宜度的评价结果，适宜度评价结果值越靠近于数值1，表示该适宜度集约利用水平较高，是由对应因素层各个具体评价指标结果都较好构成的；结果值越靠近于数值0，表示该适宜度集约利用水平较差，是由对应因素层某一个或者几个具体评价指标结果较差造成的。

图4－1所示的右侧部分叫作因素层，对应于指示层中不同的适宜度，因素层包含有具体不同的指标与之相对应，表达了适宜度的表现形式与指标考察的具体方面的含义。通过对应的因素层指标能够较好地反映出该适宜度在集约利用方面的内涵与外延。因素层结果的表达与结果层和指示层的表达不大相同，采用的是数值－1～1表示。具体评价指标结果值越靠近于数值0，表示该评价指标结果较好、集约利用水平较高；如果评价指标结果值越靠近于数值1，表示该评价指标结果集约利用过度、集约利用水平较低；如果评价指标结果值越靠近于数值－1，表示该

评价指标结果过度不集约、集约利用水平较低。

依据不同的分类方式，可将指标分为不同的类型。如依据指标能取到的最大最小值范围的属性，将指标分为适度指标、正向指标和逆向指标。适度指标指在指标取值过程中，其集约利用评价值存在阈值，取值到达一定程度既达到最大值；正向指标指随着指标取值越大，其集约利用评价值越高，且没有理论上的最大值；逆向指标指随着指标取值越大，其集约利用评价值越低，且没有理论上的最小值。还可以依据该指标具体不同的影响因素，划分为独立性指标、经济关联指标与空间关联指标三种类型。独立性指标的含义是指该类指标不受其他因素的影响，如说不受经济发展水平影响，保持相对独立；经济关联指标的含义是指该指标受经济发展水平的影响；区位关联指标是指该指标受区位的影响（番婷婷，2010）。

根据以上三种指标分类方式，城市产业用地集约利用评价中的指标类型及表示方法如表 4－1 所示。

表 4－1　城市产业用地集约利用评价指标类型

结果层	指示层	表示方法	选择要求	因素层	表示方法	指标类型	指标分类
城市产业用地集约度	规模适宜度	a	必选	产业用地比例	a_1	适度指标	经济关联指标
				产业住宅用地比例	a_2	适度指标	经济关联指标
	结构适宜度	b	必选	三产二产用地比例	b_1	适度指标	经济关联指标
	强度适宜度	c	必选	单位产业用地产值	c_1	适度指标	经济关联指标
				全区域地均从业人员	c_2	适度指标	经济关联指标
				产业用地建筑密度	c_3	适度指标	独立指标
				产业用地建筑密度达标率	c_4	正向指标	独立指标
				产业用地容积率	c_5	适度指标	独立指标
				产业用地容积率达标率	c_6	正向指标	独立指标
	布局适宜度	d	必选	产业集聚度	d_1	正向指标	空间关联指标
				距离集聚度	d_2	正向指标	空间关联指标

4.2 规模适宜度含义及评价指标

规模适宜度是评价产业用地整体集约利用水平的重要方面。产业用地的使用主体是产业，规模是影响产业发展的重要因素，因此将规模作为产业用地集约利用评价的主要内容。当某区域的产业用地规模过小时，无法满足该地区的需求，导致产业没有足够的发展空间，产业之间也因为用地规模过小无法形成产业链的上下游关系，因此造成产业用地集约利用在规模上的不集约。这时通过不断增加产业用地的规模，能够使集约利用水平不断提高。由土地规模利用理论可知，存在一个最大值，当达到这个最大值时，就能够实现产业用地利用在规模上的最集约，这就是我们所希望的值。当超过这个最大值，再进一步加大产业用地规模，产业用地的集约利用水平反而会进一步下降，表现为产业用地的供给规模超过实际需求，造成闲置、浪费、荒弃、圈地等现象，其实质是产业用地利用的不集约。因此，规模适宜度研究的目的就在于，评价研究对象在一定经济发展水平下的产业用地规模是否处在一个相对集约的阶段，既要避免因为产业用地规模不足造成对产业发展的影响，也要防止因为大量产业用地供过于求而造成的各种限制、低效利用情况。

通过以上的论述可知，规模适宜度通过研究一定经济发展水平下的区域范围内的产业用地规模来评判产业用地的集约利用水平。因此具体的评价指标要能够反映出规模的特性。

首先考虑研究区域范围内，产业用地总量是否能够满足产业发展的需求。如果产业用地面积过小，无法形成规模经济效益，也就无法满足产业发展的刚需；如果产业用地面积过大，又会造成产业用地利用效率低下，限制浪费严重。因此构建产业用地比例指标来衡量，通过该研究对象范围内的产业用地的规模与城市建设用地总规模的比例来表示，表达了产业用地规模的现状值占总规模的比重是否既能满足实际需求又不会造成利用不集约的现象。

通过产业用地比例来评价产业用地规模适宜度还是不够的，因为还要考虑产业用地与其他不同用地类型之间的协调程度的问题。这里构建产业住宅用地比例来解决这个问题。与城市扩展、产业发展伴随而来的是人口数量的不断增加。一定数量的人口为了满足生存的基本需求，需要从事生产活动、产业经营，所以需要一定数量的产业用地作为保证。同样还是这一定数量的人口也有生活的需求，需要一定数量的住宅用地来满足。所以对应相同的人口，一定数量的产业用地与一定数量的住宅用地在一定的经济发展水平下呈现出一定的配比关系，通过这个关系，我们就可以确定产业用地与住宅用地在规模上的协调程度，以此来表达产业用地规模与其他用地规模的匹配适宜性。

4.3　结构适宜度含义及评价指标

结构适宜度是产业用地评价整体集约利用水平的重要方面。产业用地的使用主体是产业，结构是影响产业发展的重要因素，因此将结构作为产业用地集约利用评价的主要内容。产业结构研究的是产业内部不同行业对经济发展产生贡献的比例，而产业用地结构研究的是产业用地内部不同行业之间所使用土地的比例关系。不同的经济发展水平下，不同产业对土地的需求程度不同，在自然状态下不同的产业结构会出现不同的产业用地结构。与产业结构符合的产业用地结构能够促进产业的升级发展、经济结构转型；相反地，与产业结构不符合的产业用地结构会阻碍其产业的转型发展。因此，产业用地结构对产业用地整体集约利用情况有着重大的影响。该适宜度考察的实质是土地资源在国民经济各行业各部门的再分配是否合理，是否与产业结构保持一致，是否适应产业发展的需求。

考虑到国民经济行业类型众多，不可能对各种类型的比例都考虑到，同时不同行业的用地关联度（不同行业产生单位产值所需要的用地面积）也大不相同。不同城市具体的主导产业不同，如果结构评价指标深入到大类很难制定出具有一定适用范围的产业用地集约利用评价结构的标准。综合以上原因，考虑到第二、第三产业类型划分方式被公众认可和广泛使用，采用这种分类方式能够较好地表达产业用地内部不同产业用地类型的含义，同时虽然不同城市主导产业类型不同，但上升到第二、第三产业比例的层次，不同的城市均能体现出与经济发展水平相适应的第二、第三产业用地比例关系。因此本文采用第三产业、第二产业比例来作为结构适宜度的具体评价指标。该指标是用第三产业用地面积与第二产业用地面积之比来表示产业用地资源在不同的产业类型之间再分配的比例关系。

4.4 强度适宜度含义及评价指标

强度适宜度是产业用地整体集约利用水平评价的重要方面。长期以来土地集约利用评价、建设用地集约利用评价考察方面主要集中在强度上（王业侨，2006；翟文侠等，2006；林坚等，2004）。强度指标主要考察的是对单位面积土地的投入量和土地产出量的关系（郑泽庆等，2008；谢敏等，2006），具体的评价指标有很多，如地均税收、地均从业人员、地均产值、地均固定资产投资等方面（彭浩和曾刚，2009；石忆邵等，2010；李景刚，2006），通过以上指标能够较好地衡量产业用地的集约利用水平。通过强度适宜度的判别，能够及时地发现荒弃、圈地现象，土地粗放、低效利用问题，为提高土地使用效率指出方向。因此本研究广泛采纳前人的研究成果，在构建强度适宜度评价指标时也广泛采用这些公认的、效果较好的指标，主要从地均投入和地均产出等方面构建。地均投入多采用地均基础设施投入和地均固定资产投入指标，但地均基础设施投入指标的基础设施资产多投入在公共用地上，很难衡量其在产业用地上的投入量；地均固定资产投入指标涉及各个产业单位在宗地上的投入，能够很好地反映产业用地上的投入情况，但是经济普查数据中的各个产业单位的固定资产指标属于保密内容，无法获得，所以本研究的强度指标集中在土地产出指标上，采用单位产业用地产值指标，衡量产业用地在一定产业用地面积上的经济产出能力，具体采用产业单位产值除以产业用地面积的方法计算；同时采用全区域地均从业人员指标，衡量单位产业用地面积能够解决就业人员数量的情况，具体采用研究对象范围内的所有从业人员数量之和除以产业用地面积的方法计算。

仅仅采用传统指标对产业用地进行强度上的集约利用评价还是不够的，因为传统的指标都是从单位面积投入、单位面积产出这些方面评价，并没有从产业用地本身的使用效率来进行评判。以宗地为研究对象时，我们多采用建筑密度和容积率指标对宗地的使用效率进行评价。建筑密度是衡量宗地上建筑占用宗地面积的比例，从另外角度可以表达土地没有建筑物部分的空置情况。而容积率表达了宗地上建筑面积与土地面积的比值，在一定程度上可以说明该宗地是否存在低效利用或者过度开发的情况。将建筑密度和容积率的概念引用到城市产业用地集约利用评价上，如果将区域范围内的产业用地看作一块宗地的话，那么就可以通过建筑密度和容积率指标来评价区域范围内的产业用地集约利用的使用效率方面。具体地，用研究区域范围内所有产业用地的建筑密度计算出一个平均值来代表研究对象整体的建筑密度，用研究区域范围内所有产业用地的容积率计算出一个平均值来代表研究对象整体的容积率。通过衡量这两个平均值就可以对产业用地集约利用的使用效率进行评价。使用平均数能够很好地表示研究区域的平均水平，但是研究整体内部各个个体的波动性可能较大，仅仅使用平均数一个指标来代表总体是不行的。因此需要引入建筑密度达标率、容积率达标率这两个指标，来表示研究区域范围内达到建筑达标率标准值与容积率标准值的产业宗地个数占总产业宗地个数的比重，以此来衡量全研究区域范围内使用效率的总体是否符合标准水平。这也可以反映出研究对象区域内产业宗地总体的闲置、低效利用情况，或者是过度开发、过度利用情况。

4.5　布局适宜度含义及评价指标

根据土地区位理论，布局是产业用地集约利用评价的一个非常重要的方面。合适的产业布局到合理的空间位置能够实现产业用地的集约利用。当下，评价产业布局合理与否，主要通过产业的空间集聚情况来进行相应的评价。这主要是因为产业在空间上的集聚在世界范围内具有一定的普遍性，产业通过空间集聚，布局在一定的合理区域范围内，形成集聚现象（吴学花和杨蕙馨，2004），可以实现产业链上下游的整合，实现规模经济效应，在一定程度上实现产业用地的集约节约利用。

布局适宜度指标反映的是产业的聚集程度和用地的空间集聚程度。根据产业类型，一般研究习惯将产业分为工业和商业服务业两大类。商业服务业以满足人们的日常生活需求为目的，主要通过市场的自发调节实现，这个时候产业用地政策对布局的调整作用较弱，所以不作为我们产业用地集约利用布局调控的评价对象。而工业这种类型的产业主要通过政府的产业用地调控实现，市场对其的调控作用较弱，所以工业为本研究的评价对象。

评价产业集聚情况时，评价范围一般采用既定的行政区划。根据集聚模型原理可知评价范围在很大程度上决定了评价结果。为了更好地消除行政区划对评价结果的影响，本研究的评价范围突破行政区划的范围，而采用产业圈的概念。所谓产业圈，是指产业集中的圈层。将评价对象分为工业适宜发展圈和商业适宜发展圈（张虹，2012）。

本研究以合肥市为例，根据合肥市城市总体规划（2006—2020 年），合肥市属于单核心类型城市，城镇空间组织结构“一核一圈五轴”，“一核”是指中心城区，是第二、第三产业集中发展的区域。根据总体规划中城市功能区划分，二环路以内为第三产业集中发展地区，形成商业适宜发展圈层。根据城市总体规划与合肥市工业产业布局规划（2006—2020 年），工业集中分布在东区、北区、西区、南区、经开区、高新区和滨湖新区，将以上地区以圈层形式连通，形成工业适宜发展圈层。评价范围见图 4 - 2。

图4-2　合肥市工业发展适宜圈层图

布局适宜度由产业集聚度和距离集聚度构成。通过以上论述已知产业集聚度的含义，具体计算时，可以采用比较成熟的赫芬达尔计算公式；产业单位之间的相互距离可以表达产业单位远近的含义，在一定程度上也反映出布局的集聚情况，因此引入距离集聚度，在研究区域范围内计算某种类型所有产业单位之间距离的平均值，并将该值与适宜距离对比，表达产业用地在空间位置上的聚集程度。

4.6　本章结论

（1）本章从因素层、指示层和结果层构建了三级收敛的评价指标体系，使评价工作可以从各个层次把控。同时在分析评价结果、寻找问题和原因的时候能够形成倒查机制，便于快速定位问题所在，分析问题产生的原因，找到具有针对性的对策措施，切实提高城市产业用地集约利用水平。

（2）本章从产业用地集约利用的主要影响因素出发，在传统强度评价的基础上，从规模、结构、利用强度与空间布局四个方面来构建评价指标体系，进行适宜度评价，丰富了建设用地集约利用评价的角度。

（3）每个适宜度包含具体的评价指标，体现该适宜度的含义。规模适宜度采用产业用地比例和产业住宅用地比例来表征；结构适宜度采用三产二产用地比例来表征；强度适宜度采用单位产业用地产值、全区域地均从业人员、产业用地建筑密度、产业用地建筑密度达标率、产业用地容积率和产业用地容积率达标率来表征；布局适宜度采用产业集聚度和距离集聚度来表征。

第五章　产业用地集约利用评价标准构建

产业用地集约利用评价标准为整个评价研究工作提供客观依据和参照，对评价结果有着决定性的影响。标准的构建是集约利用评价的重点和难点，传统的方法多参照相关国家和地方标准，依靠专家经验来构建集约利用评价标准，适用范围较窄，科学性不高。评价标准的确定应充分反映每一类评价指标的特性，同时保证标准在一定范围内的适用性。因此本研究充分吸收前人研究成果，在此基础上根据指标特性，应用不同的方法，分别制定经济关联指标标准、独立指标标准和空间关联指标标准。

5.1　标准体系

三级收敛评价指标体系中每一个评价指标都有一个相应的评价标准与它一一对应，为产业用地集约利用评价服务，整体上称为标准体系，具体包括以下内容，详见图 5 - 1。

评价指标依据影响因素分为经济关联指标、独立性指标和空间关联指标。标准也依据与评价指标的对应关系，分为经济关联指标标准、独立性指标标准和空间关联指标标准。各类指标标准所包含的指标如表 5 - 1 所示。

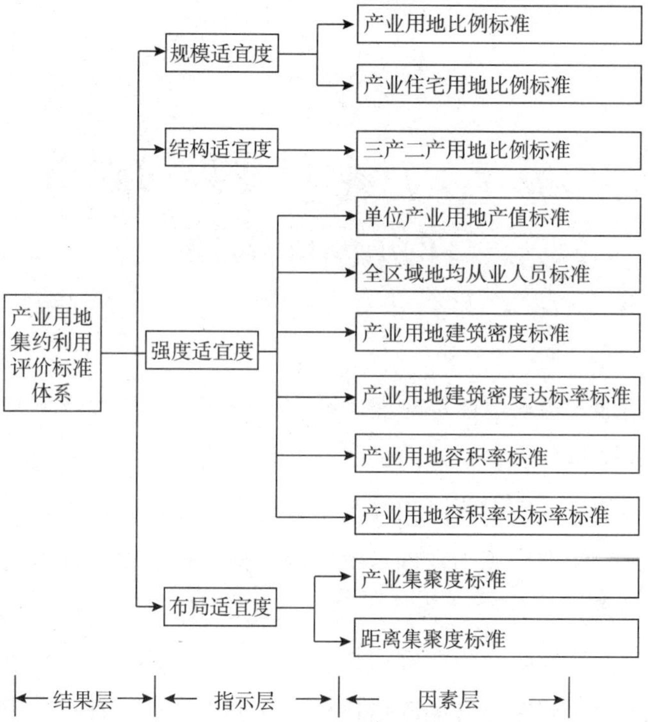

图 5－1　城市产业用地集约利用评价标准模型

表 5－1　城市产业用地集约利用评价标准类型

标准分类	所在因素层	所在指示层
经济关联指标标准	产业用地比例标准	规模适宜度
	产业住宅用地比例标准	规模适宜度
	三产二产用地比例标准	结构适宜度
	单位产业用地产值标准	强度适宜度
	全区域地均从业人员标准	强度适宜度
独立性指标标准	产业用地建筑密度标准	强度适宜度
	产业用地建筑密度达标率标准	强度适宜度
	产业用地容积率标准	强度适宜度
	产业用地容积率达标率标准	强度适宜度
空间关联指标标准	产业集聚度标准	布局适宜度
	距离集聚度标准	布局适宜度

标准体系中单个评价指标的标准值皆由最小值、最大值和最优值组成。最小值、最大值表示指标取值合理范围的边界。数值在区间之外都认为是处于不集约或过度利用状态。最优值表示指标达到集约利用的最佳状态值，即集约度最高的状态。

5.2 标准构建

对应标准体系中不同类型的评价标准，经济关联指标标准、独立性指标标准和空间关联指标标准构建过程分述如下。

5.2.1 经济关联指标标准

在一定的经济发展水平下，当产业用地集约利用水平达到最优时，此时产业用地的合理规模、合理结构、合理利用强度与合理的布局都必然是唯一确定的。那么此时合理的规模、结构、利用强度与布局就可以作为产业用地集约利用评价的标准。通过以上论述，我们知道经济关联指标与经济发展水平呈现出一定相关关系，这种相关关系就可以作为经济关联指标的标准。所以，获取经济关联指标标准的核心就是获取这种相关关系。相关关系的构建可以通过大样本数据做回归分析获得。样本可以选取不同经济发展水平下各个相同类型的城市。城市类型按主导产业在 GDP 中的比重可以分为综合型城市、资源型城市和旅游型城市。不同类型城市的经济关联指标标准与经济发展水平的相关关系不同。本研究以地级市级别城市作为城市产业用地集约利用评价的研究对象，所以不考虑县级市和其他级别城市，全国现有地级市 282 个。按照国家计委宏观经济研究院课题组（2002）研究确定资源城市划分标准，全国资源型城市共有 47 座（地级市）；同时在张蕾（2005）对中国旅游城市分析总结的基础上，将旅游业在 GDP 中的比重中占第一位的城市，确定为旅游型城市，全国资源型城市共有 6 座（地级市）。由于资源型城市和旅游型城市样本数量较少，同时本研究示范区合肥市同属综合型城市，所以本研究以综合型城市为例，构建经济关联指标与经济发展水平的相关关系。在剩余的229座综合型城市中可获取数据资料的为221座，作为本研究标准构建的样本城市，具体情况见表5－2。

表5－2　综合型城市样本名录

省、自治区、直辖市	综合型城市名称
北京市	北京市
上海市	上海市
天津市	天津市
重庆市	重庆市
安徽省	合肥市、芜湖市、蚌埠市、马鞍山市、铜陵市、安庆市、滁州市、阜阳市、六安市、亳州市、宣城市
福建省	福州市、厦门市、莆田市、泉州市、漳州市、南平市、龙岩市、宁德市
甘肃省	兰州市、嘉峪关市、天水市、武威市、张掖市
广东省	广州市、韶关市、深圳市、珠海市、汕头市、佛山市、江门市、湛江市、茂名市、肇庆市、惠州市、梅州市、阳江市、清远市、东莞市、中山市、潮州市
广西壮族自治区	南宁市、柳州市、桂林市、梧州市、北海市、防城港市、钦州市、贵港市、玉林市、贺州市、河池市、来宾市、崇左市
西藏自治区	拉萨市
新疆维吾尔自治区	乌鲁木齐市
云南省	昆明市、普洱市、玉溪市、保山市、昭通市
浙江省	杭州市、宁波市、温州市、嘉兴市、湖州市、绍兴市、金华市、衢州市、舟山市、台州市
河南省	郑州市、开封市、洛阳市、济源市、安阳市、新乡市、焦作市、许昌市、漯河市、三门峡市、商丘市、信阳市、周口市、驻马店市
山西省	太原市、晋中市、运城市、临汾市
四川省	成都市、自贡市、攀枝花市、泸州市、资阳市、绵阳市、巴中市、遂宁市、内江市、乐山市、南充市、眉山市、宜宾市
江苏省	南京市、无锡市、徐州市、常州市、苏州市、南通市、连云港市、淮安市、盐城市、扬州、镇江市、泰州市、宿迁市

续表

省、自治区、直辖市	综合型城市名称
江西省	南昌市、景德镇市、萍乡市、上饶市、新余市、鹰潭市、赣州市、吉安市、宜春市、抚州市
内蒙古自治区	呼和浩特市、包头市、乌海市、巴彦淖尔市、乌兰察布市、鄂尔多斯市
青海省	西宁市
黑龙江省	哈尔滨市、齐齐哈尔市、牡丹江市、绥化市、伊春市、佳木斯市
吉林省	长春市、白城市、四平市、辽源市、通化市
贵州省	贵阳市、遵义市
湖北省	武汉市、黄石市、十堰市、宜昌市、襄樊市、鄂州市、荆门市、孝感市、荆州市、黄冈市、咸宁市、随州市
辽宁省	沈阳市、大连市、鞍山市、抚顺市、本溪市、丹东市、锦州市、营口市、阜新市、辽阳市、盘锦市、铁岭市、葫芦岛市
山东省	济南市、青岛市、淄博市、枣庄市、菏泽市、烟台市、潍坊市、滨州市、泰安市、威海市、日照市、莱芜市、临沂市、德州市
宁夏回族自治区	银川市、中卫市、吴忠市
湖南省	长沙市、株洲市、湘潭市、娄底市、邵阳市、岳阳市、常德市、怀化市、益阳市、郴州市、永州市
海南省	海口市
河北省	石家庄市、唐山市、秦皇岛市、邯郸市、邢台市、保定市、张家口市、承德市、廊坊市、衡水市
陕西省	西安市、安康市、宝鸡市、咸阳市、渭南市、延安市、汉中市、商洛市

确定标准构建样本后，评价标准构建方法如下：查阅全国不同经济发展水平下综合功能型城市2009年统计年鉴、第二次全国土地调查专项用地汇总数据，将这些数据按照统计规律拟合，构建以人均GDP为自变量、以各项评价指标为应变量的动态函数，$Y=F(x)$。通过这个函数，可以给出不同经济发展水平下各项指标的一个最优值。同时设定最大值

与最小值表示每个指标取值的合理范围，当某指标的现状值处于这个范围内时，表示该指标的现状值合理；当某指标的现状值处于这个范围外时，表示该指标的现状值不合理。不同综合功能型城市的每个经济关联型的具体评价指标都大体符合 $Y=F(x)$ 的分布，但会因各个城市具体情况的不同出现上下波动，因此标准区间是通过 $Y=F(x)$ 上下浮动 b 值实现的，b 值的确定方法是尽量保证符合分布特征但具有上下波动情况的样本城市位于合理范围内，本研究设定为95%（Witt et al，1999），以此计算出 b 值的大小。通过已经确定的 b 值就可以确定这个合理范围，既 $Y=F(x)+b$ 与 $Y=F(x)-b$。经济关联指标标准就是按照上述方法得出，每个指标的具体情况如下：

1. 产业用地比例标准

以全国221个综合功能型城市的产业用地比例数据为基础，对应各自相应的经济发展水平，制作产业用地比例标准图，同时拟合标准函数 $Y=F(x)$，如图5-2所示，并通过确定 b 值，确定合理范围 $Y=F(x)+b$ 与 $Y=F(x)-b$。

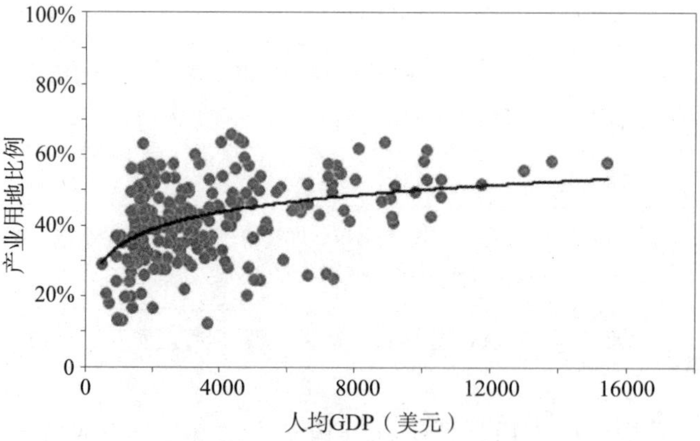

图5-2 产业用地比例标准

函数 $Y=0.07\ln(x)-0.1409$，x 表示经济发展水平，以人均GDP表示，单位为美元

确定 $b=0.16$

确定合理范围最大值：$Y=0.07\ln(x)+0.0191$

确定合理范围最小值：$Y=0.07\ln(x)-0.3009$

2. 产业住宅用地比例标准

以全国221个综合功能型城市的产业住宅用地比例数据为基础，对应各自相应的经济发展水平，制作产业住宅用地比例标准图，同时拟合标准函数 $Y=F(x)$，如图5－3所示，并通过确定 b 值，确定合理范围 $Y=F(x)+b$ 与 $Y=F(x)-b$。

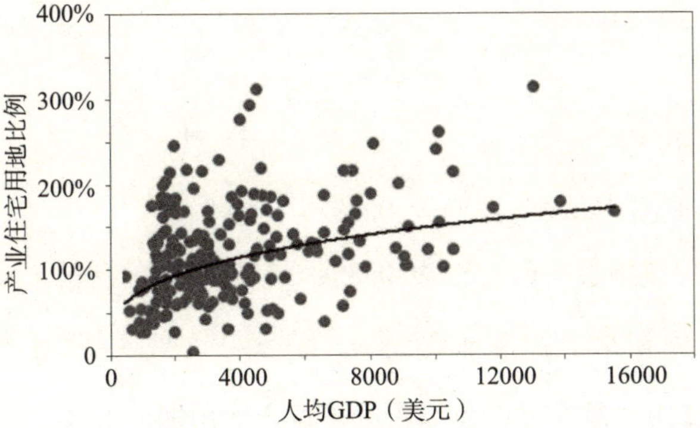

图5－3　产业住宅用地比例标准

函数 $Y=0.1039x^{0.2943}$，x 表示经济发展水平，以人均GDP表示，单位为美元

确定 $b=1.25$

确定合理范围最大值：$Y=0.1039x^{0.2943}+1.25$

确定合理范围最小值：$Y=0.1039x^{0.2943}-1.25$

3. 三产二产用地比例标准

以全国221个综合功能型城市的三产二产用地比例数据为基础，对应各自相应的经济发展水平，制作三产二产用地比例标准图，同时拟合标准函数 $Y=F(x)$，如图5－4所示，并通过确定 b 值，确定合理范围 $Y=F(x)+b$ 与 $Y=F(x)-b$。

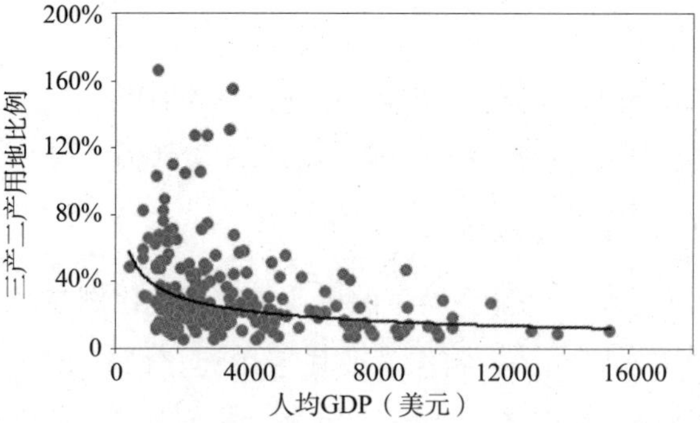

图 5－4　三产二产用地比例标准

函数 $Y=9.0389x^{-0.438}$，x 表示经济发展水平，以人均 GDP 表示，单位为美元

确定 $b=0.53$

确定合理范围最大值：$Y=9.0389x^{-0.438}+0.53$

确定合理范围最小值：$Y=9.0389x^{-0.438}-0.53$

4. 单位产业用地产值标准

以全国 221 个综合功能型城市的单位产业用地产值数据为基础，对应各自相应的经济发展水平，制作单位产业用地产值标准图，同时拟合标准函数 $Y=F(x)$，如图 5－5 所示，并通过确定 b 值，确定合理范围 $Y=F(x)+b$ 与 $Y=F(x)-b$。

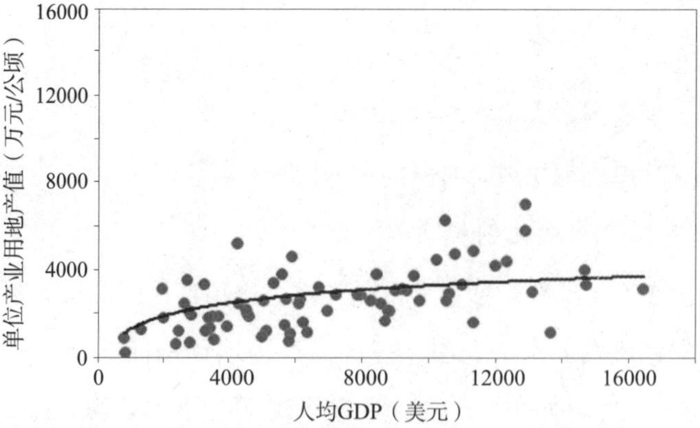

图 5－5　单位产业用地产值标准

函数 $Y = 841.31\ln(x) - 4569.4$，$x$ 表示经济发展水平，以人均 GDP 表示，单位为美元

确定 $b = 1900$

确定合理范围最大值：$Y = 841.31\ln(x) - 2669.4$

确定合理范围最小值：$Y = 841.31\ln(x) - 6469.4$

5. 全区域地均从业人员标准

以全国221个综合功能型城市的全区域地均从业人员数据为基础，对应各自相应的经济发展水平，制作全区域地均从业人员标准图，同时拟合标准函数 $Y = F(x)$，如图5-6所示，并通过确定 b 值，确定合理范围 $Y = F(x) + b$ 与 $Y = F(x) - b$。

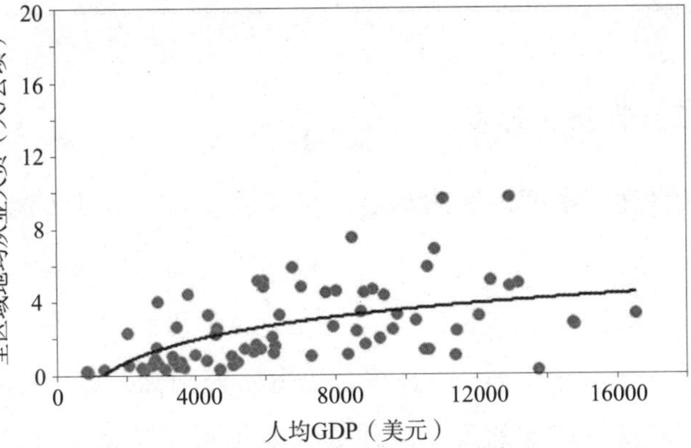

图5-6　全区域地均从业人员标准

函数 $Y = 1.8406\ln(x) - 13.198$，$x$ 表示经济发展水平，以人均 GDP 表示，单位为美元

确定 $b = 2.5$

确定合理范围最大值：$Y = 1.8406\ln(x) - 10.698$

确定合理范围最小值：$Y = 1.8406\ln(x) - 15.698$

综合以上标准，得到经济关联指标标准，详见表5-3。

表 5－3　经济关联指标标准

标准指标	最优值	b 值	最大值	最小值
产业用地比例	$Y=0.07\ln(x)-0.1409$	$b=0.16$	$Y=0.07\ln(x)+0.0191$	$Y=0.07\ln(x)-0.3009$
产业住宅用地比例	$Y=0.1039x^{0.2943}$	$b=1.25$	$Y=0.1039x^{0.2943}+1.25$	$Y=0.1039x^{0.2943}-1.25$
三产二产用地比例	$Y=9.0389x^{-0.438}$	$b=0.53$	$Y=9.0389x^{-0.438}+0.53$	$Y=9.0389x^{-0.438}-0.53$
单位产业用地产值	$Y=841.31\ln(x)-4569.4$	$b=1900$	$Y=841.31\ln(x)-2669.4$	$Y=841.31\ln(x)-6469.4$
全区域地均从业人员	$Y=1.8406\ln(x)-13.198$	$b=2.5$	$Y=1.8406\ln(x)-10.698$	$Y=1.8406\ln(x)-15.698$

5.2.2　独立性指标标准

产业用地建筑密度标准的制定，参考了《北京市城市建设节约用地标准》（最小值 40%，最优值 55%）和《城市土地集约利用潜力评价理论、方法与实践》（以不同城市产业用地现状值为例，最小值为 20%，最优值为 50%，最大值为 80%），综合以上研究和标准在建筑密度方面的设定，取各研究与标准的最小值作为产业用地建筑密度标准的最小值，最优值和最大值同理。

产业用地容积率标准的制定，参考了《广州市产业用地指南》（2009 年版）（最小值 0.4，最大值 5.0）、《北京市城市建设节约用地标准》（最小值 0.8，最大值 2.5）、《上海产业用地指南》（2008 年版）（最小值 0.4，最优值 1.4）、《工业项目建设用地控制指标》（最小值 0.4），综合以上标准在容积率方面的设定，取各项标准的最小值作为产业用地容积率标准的最小值，最优值和最大值同理。

产业用地建筑密度达标率标准、产业用地容积率达标率标准是本研究首次提出的产业用地集约利用评价指标，没有相关参考，因此根据专家经验确定最小值、最优值、最大值，见表5－4。

表5－4　独立性指标标准

	最小值	最优值	最大值
产业用地建筑密度	20%	50%	80%
产业用地建筑密度达标率	50%	100%	100%
产业用地容积率	0.4	1.4	5
产业用地容积率达标率	50%	100%	100%

5.2.3　空间关联指标标准

1. 计算方法

产业集聚情况的评价方法主要有区位商、hoover地方化系数、空间基尼系数、EG指数、赫芬达尔指数，以上各种理论均已成熟，但在适用尺度、比较优势理论、区位因素、运算简易度等方面存在一定的差异，本研究采用已经比较成熟的、能充分反映产业单位集聚的赫芬达尔模型来评价产业用地的集聚程度，产业集聚系数通过下式计算：

$$Y = \sum_{i=1}^{N} (X_i/X)^2$$

其中 X_i：工业适宜发展圈或商业适宜发展圈，见本书图4－2；X：某种类型产业的市辖区范围的所有从业人员数量。

距离集聚情况的评价，采用所有产业单位之间的相互平均距离与产业单位最多的合适空间距离的比值，距离集聚系数通过下式计算：

$$Y = 1 - \frac{X_p}{X_d}$$

其中 X_p：市辖区范围内所有产业单位之间的相互距离的平均值。X_d：工业适宜发展圈或商业适宜发展圈的产业单位最多的合适空间距离，若 $\frac{X_p}{X_d} > 1$，则 $1 - \frac{X_p}{X_d} = 0$。

2. 空间关联指标标准

产业集聚系数、距离集聚系数是本研究首次应用于产业用地集约利用评价的指标，标准根据专家经验确定最小值、最优值、最大值，见表5－5。

表5－5　空间关联指标标准

	最小值	最优值	最大值
产业集聚度	50%	100%	100%
距离集聚度	50%	100%	100%

5.3　与相关土地集约利用标准的比较

目前，涉及产业用地的标准主要有：（1）城市规划标准，如国家的《城市用地分类与规划建设用地标准》，其中规定了人均的工业用地、商业用地等标准指标；（2）建设用地集约利用标准，如《北京市城市建设节约用地标准》；（3）专门针对产业用地的国家标准和地方标准，如《关于发布和实施〈工业项目建设用地控制指标〉的通知》（国土资源发〔2008〕24号）、《广州市产业用地指南》（2009年版）、《青岛市工业产业用地指南》（2006年版）、《上海产业用地指南》（2008年版）。

本研究中提出的产业用地集约利用评价标准，与现有标准比较，具有以下特点：（1）本研究提出的评价标准是区域性标准，一般是针对整个城市要达到的标准或集约利用理想状态，不是针对某个具体的项目用地，也就是说，本研究中提出的标准只用于整个城市产业用地集约利用水平的判断，不可作为具体项目设计和规划用地的判断依据；（2）本研究提出的标准只用于产业用地集约利用评价，不建议用于强制性的管理，但可以作为强制性管理的参考；（3）本研究提出的标准值具有一定的灵活性，如一些指标的标准是经济发展水平和区位的函数，也就是随着经济发展水平的提高和区位条件的改善，可以通过这些函数关系调整标准值。

5.4 本章结论

（1）根据不同指标的影响因素等特性，将指标划分为三种类型，对应的标准也分为三种类型，分别是：经济关联型指标标准，包含产业用地比例标准、产业住宅用地比例标准、三产二产用地比例标准、单位产业用地产值标准、全区域地均从业人员标准；独立性指标标准，包含产业用地建筑密度标准、产业用地建筑密度达标率标准、产业用地容积率标准、产业用地容积率达标率标准；空间关联型指标标准，包含产业集聚度标准、距离集聚度标准。

（2）每个标准都包含三个数据，分别是最优值、最大值和最小值，其中最大值与最小值组成标准的合理范围。现状值位于合理范围内属于集约，否则属于不集约，现状值越靠近最优值，评价分值越高。

（3）不同类型指标标准的构建方法不同。经济关联型指标标准采用全国221座综合型城市的相应数据作为样本，采用统计分析方法，通过数据分析与拟合，构建出随经济发展水平变化而变化的动态标准函数；独立性指标标准制定采用参照法，参照国家和地方的相关标准，采用相关研究的工作成果构建评价标准；空间关联型指标属于首次应用于集约利用评价研究，标准制定采用专家经验法，依靠专家经验给出评价标准。

第六章　产业用地集约利用评价模型构建

对应评价指标体系，将评价对象现状值与标准代入产业用地集约利用评价模型，计算得到评价结果。因此集约利用评价模型客观衡量了现状值与标准值的差异程度，确定了各指标评价结果对总体评价结果的影响程度。不同的评价方法适用于不同的情况，评价结果表达不同的含义。本研究在充分吸收前人研究成果的基础上，采用隶属度函数与相对权重模型构建产业用地集约利用评价模型，具体构建方法如下所述。

6.1　评价模型构建思路

由于因素层指标的取值范围不同，为了方便评价模型的构建，要对因素层的指标进行归一化处理，即使得因素层的指标取值都在 0 到 1 的范围内。归一化处理采用构建隶属度函数的方法。

单因素评价时，本研究采用相对权重模型为各个评价因子赋予权重值。传统多因素评价，每个评价因子赋值时多采用最小因子法和权重法。最小因子法指在一个评价单元中，评价结果完全取决于最小的限制因子，缺点是当评价单元中没有限制因子时，评价结果就会偏差很大；权重法是采用原有知识或本地专家经验，采用一定的数学方法为评价因子赋权重值，缺点是如果评价对象内部各评价因子变化较大，出现限制性因子时，评价结果可能会不正确。综合以上方法的优点，张军连和林培

(1994) 提出了相对权重模型，评价单元内部各个因子的权重值取决于整个评价单元中每个评价因子的现状值。具体来说，如果评价单元中各个评价因子的取值都很正常，没有出现极端情况，那么每个因子权重值取决于各个因子的共同表现，类似于权重法；如果评价单元出现评价因子取极端值，也就是出现限制性因子，那么相对权重模型会将权重值极大地赋予这个限制性因子，造成整体集约利用评价结果较低，类似于最小因子法。

6.2 模型构建

6.2.1 计算评价指标标准

城市产业用地各个指标的合理值是指各个指标取值的一个合理范围，这个区间在标准模型构建中已经由区间的最大值和最小值给出（见上章）。最优值是指各个指标取值的一个最优值，即这个指标的最适宜的值。每个指标都是由合理值区间和最优值构成。

根据城市产业用地集约利用评价标准可知，对应于评价指标体系中的每个评价因子，评价标准都会给出最优值和合理范围。评价标准分为三种类型，即独立型指标、空间关联型指标和经济关联型指标。前两者与经济发展水平无关，都已经给出了具体的评价标准，可以将该标准直接代入到评价模型中运算；经济关联型指标是一种随着经济发展水平变化而变化的动态评价标准，即使是同一个城市对其不同的经济发展阶段评价采用的评价标准都是不一样的。本研究中经济关联型指标标准以动态函数的形式给出，标准函数包括三个：合理范围最小值 $Y=F(x)-b$，最优值 $Y=F(x)$，合理范围最大值 $Y=F(x)+b$。其自变量是评价对象当年的经济发展水平，具体采用人均国内生产总值（美元），对应的应变量就是该评价指标在该经济发展水平下的标准。计算得到标准后，就可以和独立型指标标准、空间关联型指标标准一样代入评价模型计算。

6.2.2 单因素评价

每个评价因子的量纲都不同，将它们与评价标准比较，那么如何评价哪个评价因子更符合评价标准的要求？本研究采用隶属度函数的方式来解决这个问题。隶属度函数属于模糊数学的一种，根据经验设定阈值，通过计算得出评价对象在多大程度上符合评价标准。本研究采用模糊数学中的隶属函数来表示实际值与标准模型之间的符合程度。

隶属度函数由 U_{ij}表示，U_{ij}表示第 i 个评价单元中，第 j 个评价因子的隶属度。当 $U_{im}=\max(U_{ij})=1$ 时，表示实际值恰好是最优值。

由于各指标取值范围不同，分别构建不同的隶属度函数。

（1）适度指标，且该指标存在理论最大值，见图 6－1。

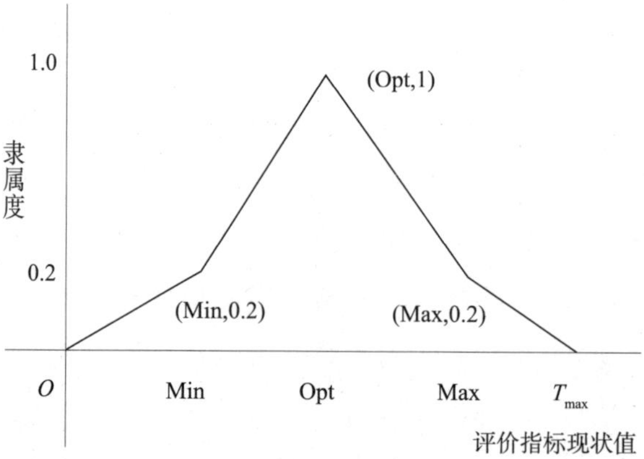

图 6－1　适度且存在理论最大值指标隶属度函数

其中，Min 表示合理范围的最小值，即标准模型中指标对应的最小值，Opt 表示最优值，Max 表示合理范围的最大值，T_{max}表示该指标的理论最大值，具体适用指标见表 6－1。隶属度函数为：

$$U_X=\begin{cases}\dfrac{0.2X}{\text{Min}} & X\leqslant \text{Min}\\ \dfrac{0.8\ (X-\text{Min})}{\text{Opt}-\text{Min}}+0.2 & \text{Min}<X<\text{Opt}\\ 1 & X=\text{Opt}\\ 1-\dfrac{0.8\ (X-\text{Opt})}{\text{Max}-\text{Opt}} & \text{Opt}<X\leqslant \text{Max}\\ \dfrac{0.2\ (X-T_{\max})}{\text{Max}-T_{\max}} & \text{Max}<X\leqslant T_{\max}\end{cases}$$

（2）适度指标，且该指标不存在理论最大值，见图6－2。

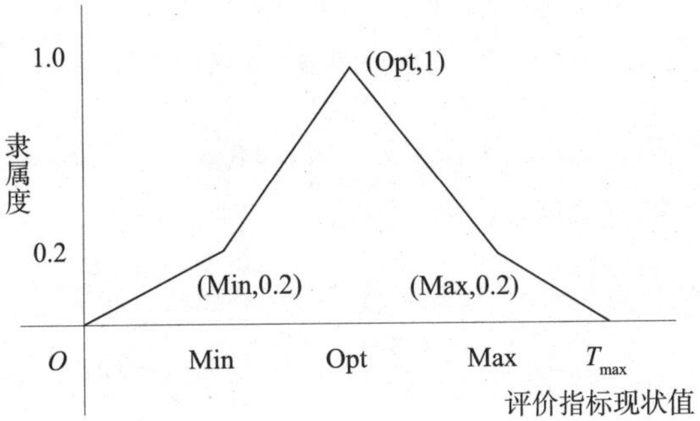

图6－2　适度且不存在理论最大值指标隶属度函数

其中，Min表示合理范围的最小值，即标准模型中指标对应的最小值，Opt表示最优值，Max表示合理范围的最大值，$T_{\max}$表示人为选定的该指标的最大值，具体适用指标见表6－1。

隶属度函数为：

$$U_X=\begin{cases}\dfrac{0.2X}{\text{Min}} & X\leqslant \text{Min}\\ \dfrac{0.8\ (X-\text{Min})}{\text{Opt}-\text{Min}}+0.2 & \text{Min}<X<\text{Opt}\\ 1 & X=\text{Opt}\\ 1-\dfrac{0.8\ (X-\text{Opt})}{\text{Max}-\text{Opt}} & \text{Opt}<X\leqslant \text{Max}\\ \dfrac{0.2\ (X-T_{\max})}{\text{Max}-T_{\max}} & \text{Max}<X\leqslant T_{\max}\end{cases}$$

（3）正向指标，且该指标为必选指标，见图6－3。

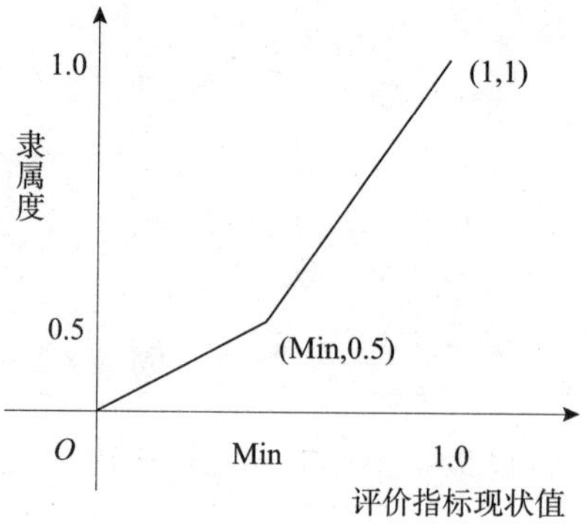

图6－3　正向必选指标隶属度函数

其中，Min表示合理范围的最小值，即标准模型中指标对应的最小值，具体适用指标见表6－1。

隶属度函数为：

$$U_X=\begin{cases}\dfrac{0.5X}{\text{Min}} & X\leqslant \text{Min}\\ \dfrac{0.5\ (X-\text{Min})}{1-\text{Min}}+0.5 & \text{Min}<X<1\\ 1 & X=1\end{cases}$$

（4）正向指标，且该指标为备选指标，见图6－4。

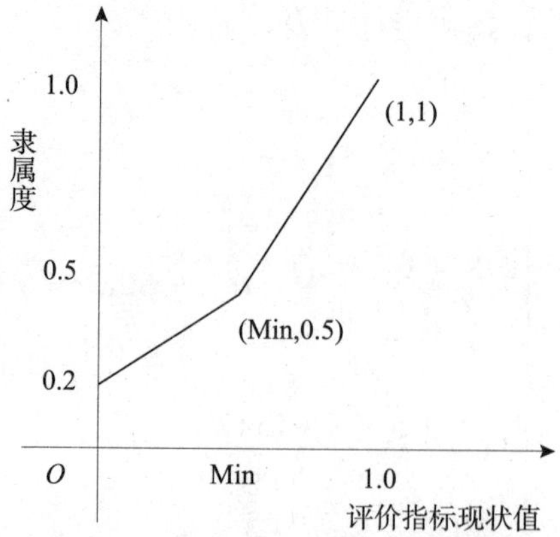

图6－4　正向备选指标隶属度函数

其中，Min 表示合理范围的最小值，即标准模型中指标对应的最小值，具体适用指标见表 6－1。

隶属度函数为：

$$U_X=\begin{cases}0.2 & X=0\\ \dfrac{0.3X}{\mathrm{Min}}+0.2 & 0<X\leqslant \mathrm{Min}\\ \dfrac{0.5\ (X-\mathrm{Min})}{1-\mathrm{Min}}+0.5 & \mathrm{Min}<X<1\\ 1 & X=1\end{cases}$$

不同的评价指标类型采用相应的隶属度函数进行计算，具体对应关系见表 6－1：

表 6－1　隶属度函数适用指标表

隶属度函数类型	适用指标
(1) 适度指标，且该指标存在理论最大值	产业用地比例、产业用地建筑密度
(2) 适度指标，且该指标不存在理论最大值	产业住宅用地比例、三产二产用地比例、单位产业用地产值、地均从业人员、产业用地容积率
(3) 正向指标，且该指标为必选指标	产业用地建筑密度达标率、产业用地容积率达标率、产业集聚度
(4) 正向指标，且该指标为备选指标	距离集聚度

6.2.3　权重计算

本研究采用相对权重模型计算各个评价指标的权重值（张军连和林培，1994）。评价单元内部各个因子的权重值取决于整个评价单元中每个评价因子的现状值。如果评价单元中各个评价因子的取值都很正常，没有出现极端情况，那么每个因子权重值取决于各个因子的共同表现，类似于权重法；如果评价单元出现评价因子取极端值，也就是出现限制性因子，那么相对权重模型会将权重值极大地赋予这个限制性因子，造成整体集约利用评价结果较低，类似于最小因子法。具体计算公式如下：

若 $0.2<U_{im}=\min\ (U_{ij})\ \leqslant 1.0$

$$W_{ik} = \frac{(1 - U_{ik})^2}{\sum_{j=1}^{n} (1 - U_{ij})^2}$$

U_{im}表示第 i 个评价单元的第 m 个评价因子的隶属度函数值，U_{ik}表示第 i 个评价单元的第 k 个评价因子的隶属度函数值，min（U_{ij}）表示第 i 个评价单元中隶属度函数最小值，W_{ik}表示第 i 个评价单元的第 k 个评价因子的权重值。

该公式表示，在评价因子没有出现取极端值的情况下，也就是没有出现限制性因子时，这个评价单元中 k 因子的权重是由 1—j 因子的取值共同决定的，采用上述计算方法，也就是类似于权重法。

若 $U_{im} \leqslant 0.2$

$$W_{im} = 1 - U_{im} \qquad (j = m)$$

$$W_{ik} = \frac{(1 - U_{ik})^2}{\sum_{j=1}^{n} (1 - U_{ij})^2} \times U_{im} \qquad (j \neq m)$$

U_{im}表示第 i 个评价单元的第 m 个评价因子的隶属度函数值，U_{ik}表示第 i 个评价单元的第 k 个评价因子的隶属度函数值，W_{im}表示第 i 个评价单元的第 m 个评价因子的权重值，并且是限制性因子的权重值，W_{ik}表示第 i 个评价单元的第 k 个评价因子的权重值，是非限制性因子的权重值。

该公式表示，当第 i 个评价单元的第 m 个评价因子的隶属度函数值低于 0.2 时，出现限制性因子，此时该限制性因子的权重 W_{im}取值较大，其他非限制性因子的权重值较小，导致整体评价结果取值较小。

6.2.4 适宜度计算

$$SYD_i = \sum W_i U_i$$

适宜度指标的计算采用加权的方式进行，SYD_i 表示适宜度，$i = 1 \sim 4$，分别表示规模适宜度、结构适宜度、强度适宜度和布局适宜度，W_i 表示该适宜度下各个具体评价因子计算出来的相对权重，U_i 表示该适宜度下各个具体评价因子计算出来的隶属度函数值，也就是评价因子的现状值与标准的符合程度。

6.3 总体集约度计算

在计算总体集约度的时候，不考虑指示层的作用，计算所有指标的相对权重，即不分规模、结构、强度、布局，计算各个指标的相对权重，并计算总体的集约度。

$$JYD = \sum W_i U_i \qquad (i = 1 \sim n)$$

式中 JYD 表示产业用地集约利用的整体评价结果，也就是总体集约度，W_i 表示在以所有评价指标作为一个评价单元下，每个评价指标所计算出来的整体相对权重，U_i 表示在各个适宜度下各个具体评价因子计算出来的隶属度函数值，n 表示所有评价因子的个数。

6.4 评价结果表达

依据上述模型方法计算出城市产业用地集约利用评价结果，将整个评价值区间划分为 5 个不同的集约度等级，详见表 6－2。评价结果用 QP_{β}^{α} 表示，其中 QP 表示城市产业用地集约利用的评价等级，α 表示评价最理想评价因子，β 表示评价最小限制因子。

表 6－2　产业用地集约度评价结果等级表

等级		符号	评价值范围	含义
集约	1 级集约	Ⅰ	(0.8，1]	集约利用水平非常理想
	2 级集约	Ⅱ	(0.6，0.8]	集约利用水平中等
	3 级集约	Ⅲ	(0.2，0.6]	集约利用水平勉强达标
不集约	低度不集约	N1	[0，0.2]	集约利用水平不达标，最小限制因子处于过低状态
	过度利用	N2	[0，0.2]	集约利用水平不达标，最小限制因子处于过大状态

根据最理想评价因子和最小限制因子的类型，可以分析导致评价结

果好或者坏的主要原因。为了更全面地分析评价结果好坏的原因，可以对每一层的每个评价因子的状态值、隶属度和相对权重等数值一一用表列出，根据其相对大小，分析它们对最后评价结果的贡献，探寻导致集约或不集约的原因。

6.5 本章结论

（1）构建隶属度函数，衡量不同量纲的评价因子与评价标准的符合程度，表达出评价对象在多大程度上符合标准的含义。针对单因素评价中不同评价因子取值的不同及类型的不同，分别构建4种不同类别的隶属度函数，分别是存在理论最大值的适度指标、不存在理论最大值的适度指标、必选正向指标、备选正向指标。

（2）综合最小因子法和权重法的优缺点，本研究使用相对权重模型，计算每个评价指标的相对权重。在没有出现限制性因子时，每个因子的权重由所有因子的取值共同决定；当出现限制因子时，权重值极大地赋予限制性因子。

（3）使用多因素评价法，综合构建适宜度计算模型和总体集约度计算模型，完成产业用地集约利用评价模型的构建。

（4）规定产业用地集约利用评价结果的表达方式与含义。首先确定评价结果的集约利用等级，本研究分为五级，分别是1级集约、2级集约、3级集约，低度不集约和过度利用；然后对每一个级别设定评价取值范围，同时将最理想评价因子和最小限制因子表达在评价结果上，便于集约利用评价结果的认定和表达。

第七章　产业用地集约利用预警研究

产业用地集约利用的标准是随着经济发展水平的变化而变化的。随着经济发展水平的提高，产业用地利用越来越集约，产业用地集约利用的标准也随着提高。一些现状利用水平达到集约的产业用地，在未来一定时期，由于经济发展水平提高，标准也随之提高，如果土地利用状况没有随着经济发展水平的提高而相应地得到改善，就会导致土地利用不集约的风险。预警的目的，就是要及时发现产业用地在将来一定时期其用地规模、结构、利用强度和布局的不集约现象，并依据预警结果采取相应的措施防止不集约现象的出现。

本研究中，预警模型将沿用与评价模型相同的指标体系和计算公式，只是将采用未来预期发展水平下的标准，也就是预测一定时期的经济发展水平，及其对应的产业用地集约利用标准。应用这个新的标准，采用与评价模型相同的方法，对产业用地的现状数据进行评价。由此得到的评价结果，反映了如果产业用地现状不改变的话，在未来一定时期的集约利用水平。客观上衡量了评价对象现状与预期目标的差距。结合对评价对象发展趋势的判断，就可给出产业用地是否可以持续保持集约状态的评价。对于某一个评价单元，如果评价结果不集约，表明必须采取相应的调控措施调控产业用地的利用状况，否则就会出现警情，发出相应的警报，提示决策者做出相应的反应，以期避免产业用地不集约现象的发生。

7.1 预警指标体系构建

区域产业用地集约利用预警指标体系采用的是与评价完全相同的指标体系，即从因素层、指示层和结果层三个方面构建的三级收敛的产业用地集约利用预警指标体系，从规模、结构、利用强度和布局四个方面进行预警。

7.2 预警标准构建

依据影响指标的因素不同，本研究按经济关联指标、独立指标、空间关联指标分别说明预警标准的变化。

7.2.1 经济关联指标

预测未来某一时间点的经济发展水平，可直接采用国民经济五年计划或城市规划等文件中的预测结果。即：

$$FB = f\ (FFun)$$

FB 表示预警时所使用的未来预期标准，$FFun$ 表示未来预期区域经济发展水平。

产业用地比例、产业住宅用地比例、三产二产用地比例、单位产业用地产值、全区域地均从业人员采用产业用地集约利用评价的标准模型，通过预测未来某一时间点的经济发展水平，或者结合规划确定某个时间点的经济发展水平，代入到所对应标准模型的经济发展阶段，得到未来这一时间点的产业用地比例标准、产业住宅用地比例标准、三产二产用地比例标准、单位产业用地产值标准、全区域地均从业人员标准。

7.2.2 独立指标

由于该类指标不受经济发展水平的影响，因此本研究认为该类指标的标准并不会随着经济水平的提高而发生变化，所以直接采用评价模型中所给定的现状合理范围和最优值。

产业用地建筑密度标准、产业用地建筑密度达标率标准、产业用地容积率标准和产业用地容积率达标率标准均属于此类指标。

7.2.3 空间关联指标

产业集聚系数、距离集聚系数是本研究首次应用于产业用地集约利用评价和预警的指标，标准根据专家经验确定，该类指标标准在制定时参考了全国不同经济发展水平下不同城市产业用地的空间发展状况。该类指标的评价标准可以说涵盖了不同经济发展水平下产业集聚度、距离集聚度的合理范围和最优值，因此产业集聚度、距离集聚度的预警标准可以直接采用评价模型中所给定的合理范围和最优值。

7.3 预警模型构建

预警模型采用传统多因素评价方法，与评价模型完全相同，即首先计算各个指标的隶属度函数值，也就是指标现状值与标准值的符合程度，然后采用相对权重模型计算各个指标的相对权重，最后采用传统多因素评价方法计算出最终的整体适宜度。

7.4 预警结果表达

依据上述模型方法算出区域层次产业用地集约利用预警结果，采用与评价结果相同的方法（见本书表 6－2）表示其结果。预警结果用 QY_{δ}^{γ} 表示，其中 QY 表示区域产业用地集约利用预警等级，γ 表示预警最理想评价因子，δ 表示预警最小限制因子。

对于某一区域，根据其预警与评价结果的比较，对该区域产业用地集约利用的警情进行判断。如果该区域的评价等级为集约，预警等级为不集约，此时，说明随着社会经济的发展，会出现由集约变为不集约的状况，亦即是出现了警情。对于评价结果为不集约、预警结果为集约或不集约的情形，以及评价结果和预警结果皆为集约的情形，都认定为没有出现警情。

当出现警情时，可以通过δ（即预警最小限制因子）来分析导致警情的主要原因。如果是要详细分析原因，也可以将所有预警指标的状态值、隶属度和相对权重等数值一一用表列出，通过因子间的相互比较进行分析。

7.5 本章结论

（1）预警指标体系：采用与评价完全相同的指标体系，即三级收敛的预警指标体系，从规模、结构、利用强度和布局四个方面进行预警。

（2）预警指标标准：经济关联指标采用国家法定部门确认的未来某一时点的经济发展水平代入模型计算得到该类预警标准，独立指标采用评价模型中所给定的现状合理范围和最优值，空间关联指标直接采用评价模型中所给定的合理范围和最优值。

（3）预警模型构建：与评价模型完全相同。

（4）预警结果表达：采用与评价结果相同的方法表示其结果，便于识别。

第八章　实证研究

以合肥市为实证研究对象，将合肥市产业用地现状数据经过面积分摊模型处理后，按照三级收敛指标体系代入集约利用评价模型中，与集约利用评价标准比较，得到集约利用评价结果，分析结果，寻找制约集约利用水平的问题及原因，并提出针对性政策建议。通过以上实证研究的应用，检验整个产业用地集约利用评价模型运行的可行性与结果的可靠性。

8.1　数据获取与分析

8.1.1　经济结构

合肥市2008年第一产业产值为105.2亿元，所占比重为6.32%，第二产业产值为834.92亿元，所占比重为50.15%，第三产业产值为724.72亿元，所占比重为43.53%，人均GDP接近5000美元。根据钱纳里多国模型（Chenery et al.，1986）判断，合肥市目前还处于工业化中期阶段，工业还是国民经济的主要支柱，三产服务业有待进一步加强。

表8-1　合肥市2008年地区生产总值分布表

产业类型	GDP绝对数（亿元）	比重（%）
第一产业	105.2	6.32
第二产业	834.92	50.15
制造业	654.92	39.34
建筑业	180.00	10.81

续表

产业类型	GDP 绝对数（亿元）	比重（%）
第三产业	724.72	43.53
交通运输、仓储和邮政业	81.57	4.90
批发零售业	136.48	8.20
住宿餐饮业	36.81	2.21
金融业	79.51	4.78
房地产	68.84	4.13
其他服务业	321.51	19.31
全市	1664.84	100.00

数据来源：李立静（2010），《合肥统计年鉴 2009》。

合肥市工业经济以制造业为主体，占整个国民经济的比重达到了 39.34%。根据《合肥市统计年鉴 2009》，按大类分析，在合肥市制造业中电气机械制造业排在首位，交通运输制造业和专用、通用设备制造业分列二至三位，可以看出合肥市制造业的优势产业是家用电器制造业、汽车制造业等，拥有众多国际国内知名企业，如荣事达集团有限公司、合肥美菱集团公司、安徽国风塑业股份有限公司、安徽江淮汽车有限公司，同时还有众多大型企业的生产基地，如格力集团、美的集团、京东方集团、华泰集团、佳通轮胎、合力叉车、日立集团等，合肥市 2008 年制造业各大类产值见表 8－2。

表 8－2　2008 年合肥市制造业各大类产值表

国民经济行业大类	产值（千元）	比重（%）
化学原料及化学制品制造业	12490000	5.97
医药制造业	1706996	0.82
橡胶制品业	5339469	2.55
黑色金属冶炼及压延加工业	11431171	5.46
通用设备制造业	12845782	6.14
专用设备制造业	17240107	8.24
电气机械及器材制造业	40937961	19.56
通信设备、计算机及其他电子设备制造业	8280731	3.96

续表

国民经济行业大类	产值（千元）	比重（%）
交通运输设备制造业	27519819	13.15
仪器仪表及文化、办公用机械制造业	1226758	0.59
食品制造业	2317839	1.11
纺织业	2433001	1.16
纺织服装、鞋、帽制造业	1276734	0.61
皮革、毛皮、羽毛（绒）及其制品业	602197	0.29
木材加工及木、竹、藤、棕、草制品业	274482	0.13
家具制造业	1214752	0.58
印刷业和记录媒介的复制	2369514	1.13
文教体育用品制造业	342790	0.16
金属制品业	10736526	5.13
工艺品及其他制造业	648482	0.31
废弃资源和废旧材料回收加工业	44947	0.02
农副食品加工业	9062676	4.33
饮料制造业	1653175	0.79
烟草制品业	4131066	1.97
造纸及纸制品业	1999828	0.96
塑料制品业	11080243	5.29
非金属矿物制品业	6383279	3.05
石油加工、炼焦及核燃料加工业	446081	0.21
有色金属冶炼及压延加工业	45613	0.02

数据来源：《合肥统计年鉴 2009》。

8.1.2 产业用地

以市辖区为评价范围，以 2008 年合肥市城镇地籍矢量数据为基础，通过属性信息分类汇总的方式，得到合肥市市辖区内各类建设用地的面积与比例。详见表 8－3。按照城市土地类型分析合肥市城镇地籍汇总数据，发现合肥市市辖区用地比重最大的是住宅用地，占到了建设用地总面积的 35.47%，符合中华人民共和国住房和城乡建设部颁布的《城市用地分类与规划建设用地标准》（GB50137－2011）中关于住宅用地比重占城市建设用地的比例 25%～40% 的规定，产业用地中工业用地面积比重为 22.44%，也符合标准中 15%～30% 的规定。

表 8-3　合肥市市辖区 2008 年各类建设用地面积比例表

一级类	二级类	三级类	面积（公顷）	比重（%）
建设用地	商业用地	商业用地	664.37	3.43
		金融保险用地	55.90	0.29
		餐饮旅馆业用地	187.83	0.97
		其他商服用地	350.83	1.81
	工矿仓储用地	工业用地	3982.78	20.56
		采矿地	3.33	0.02
		仓储用地	361.18	1.86
	公共设施用地	公共基础设施用地	434.12	2.24
		瞻仰景观休闲用地	513.75	2.65
	公共建筑用地	机关团体用地	1063.16	5.49
		教育用地	1777.87	9.18
		科研设计用地	389.13	2.01
		文体用地	60.37	0.31
		医疗卫生用地	135.25	0.70
		慈善用地	9.90	0.05
	住宅用地	城镇单一住宅用地	4791.95	24.74
		城镇混合住宅用地	1391.85	7.18
		农村宅基地	663.64	3.43
		空闲宅基地	14.12	0.07
	交通运输用地	铁路用地	1617.71	8.35
		公路用地	491.97	2.54
		民用机场	24.83	0.13
		港口码头用地	58.77	0.30
		管道运输用地	1.34	0.01
		街巷	6.85	0.04
	水利设施用地	水库水面	0.00	0.00
		水工建设用地	98.79	0.51
	特殊用地	军事设施用地	149.68	0.77
		使领馆用地	0.00	0.00
		宗教用地	1.46	0.01
		监教场用地	48.76	0.25
		墓葬地	21.04	0.11
合计			19372.52	100.00

通过以上土地利用分类数据可知，合肥市产业用地以工业为主，符合合肥市处于工业化中期的基本判断，但因为土地利用分类与国民经济行业分类的不衔接，造成无法深入各个门类、大类、中类和小类详细分析，所以需要通过面积分摊模型获得所需的各类产业用地现状数据。

采用混合用地面积分摊模型计算，可以获得一定区域的产业用地总面积和各种不同类型产业用地的面积与分布。分摊结果显示，合肥市第二、第三产业用地总面积为 11204.56 公顷，按照《国民经济行业分类 GB/T4754 -2011》，共有 12 门类、78 大类、205 中类和 636 小类的产业用地类型，不同门类的产业用地面积见图 8 -1。按照二产和三产的归类方法，二产用地 4734.94 公顷，三产用地 6469.61 公顷，详见本书表 3 -4。同时，在城镇地籍图的基础上，根据每宗地的行业用地类型与混合用地类型，可以绘制合肥市市辖区产业用地现状分布图，见附图的图 1 至图 11。

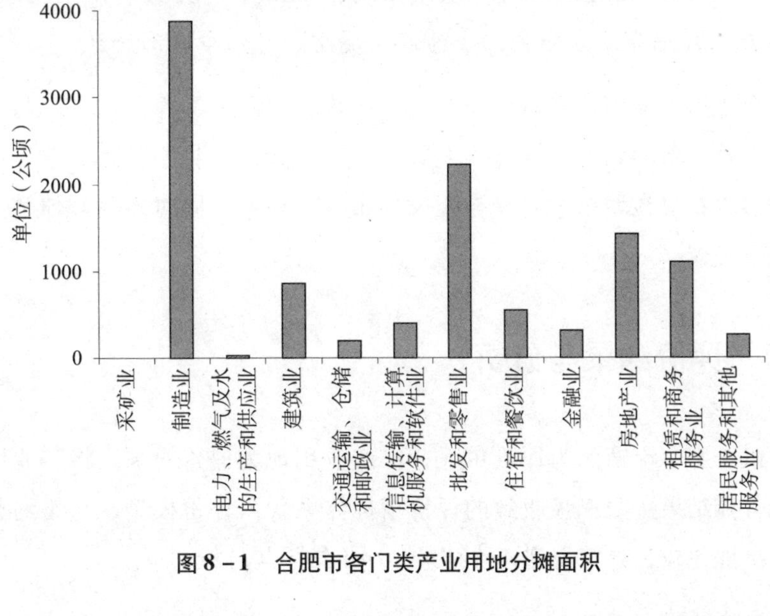

图 8 -1　合肥市各门类产业用地分摊面积

综合以上城镇地籍数据与面积分摊数据，进行分析，得到合肥市产业用地特点如下：

1. 第三产业用地面积较大，第二产业用地次之

合肥市第三产业用地面积较大，以批发零售业为主，第二产业用地面积次之。合肥市作为省会城市，在农业生产发展阶段，其第三产业不仅要满足自身需求，还承担着为全省农业生产、销售、中转提供服务的任务，同时批发零售行业土地利用强度低，多为单层建筑，所以第三产业用地面积较大，而且布局分散。进入工业化加速阶段后，虽然第二产业用地不断增加，但三产二产用地比例仍然不协调。

2. 制造业在门类中用地比重最大，创造产值最多

在合肥市各国民经济门类中，制造业分摊面积最大，达到3879.36公顷，占产业用地总面积的34.62%。与之相匹配的是由制造业创造的地区生产总值最多，为654.92亿元，占全市地区生产总值的39.34%，符合合肥市处于工业化中期阶段的判断。

3. 工业用地总体布局在城市周边，多为单一类型，但布局分散，第三产业用地布局在市内，多为混合类型，与人口分布一致

合肥市工业用地多数分布在城市的周边，单一类型的居多，与其他类型混合用地的偏少，但总体上看，布局较分散，相距较远。第三产业用地多数布局在城市中心，与人口分布基本一致，同时多与其他类型产业混合经营。

8.2 评价结果与分析

以合肥市市辖区为评价单元，以产业用地为评价对象，将产业用地面积分摊结果按照三级收敛的评价指标体系代入评价模型，与集约利用评价标准比较，计算得到评价结果。评价结果与分析如下。

8.2.1 评价结果

合肥市产业用地集约度为0.2062，集约度水平属于Ⅲ_{c1}^{a1}级，总体上判

断为产业用地集约利用，但集约利用水平很低，是集约利用中水平最低的第三档，属于勉强的集约利用，而且总体集约利用水平稍微大于判断不集约利用的边界值 0.2。其中，评价结果最理想的因子为产业用地比例，最小限制性因子为产业用地建筑密度。合肥市产业用地集约利用水平还有很大的提升空间，具体的评价结果见表 8－4 所示。

表 8－4　产业用地集约利用评价

结果层	指示层	指标名称	现状值	标准值	隶属度	适宜度权重	集约度权重
产业用地集约度 JYD = 0.2062	规模适宜度 SYD = 0.8476	产业用地比例	0.4648	0.4947	0.8505	0.4817	0.0013
		产业住宅用地比	1.7459	1.5036	0.8449	0.5183	0.0014
	结构适宜度 SYD = 0.4000	三产二产用地比	1.3251	0.1694	0.4000	1.0000	0.0370
	强度适宜度 SYD = 0.2146	产业用地建筑密度	0.1744	0.5000	0.1744	0.8256	0.8256
		产业用地建筑密度达标率	0.3469	1.0000	0.3469	0.0465	0.0247
		产业用地容积率	0.5821	1.4000	0.3457	0.0467	0.0248
		产业用地容积率达标率	0.3757	1.0000	0.3757	0.0425	0.0225
		单位产业用地产值	2059.7960	3069.5940	0.5748	0.0197	0.0105
		全区域地均从业人员	4.8200	3.5144	0.5822	0.0190	0.0101
	布局适宜度 SYD = 0.3576	产业集聚度	0.5364	1.0000	0.5364	0.2947	0.0124
		距离集聚度	0.1381	1.0000	0.2829	0.7053	0.0297

8.2.2　评价结果分析

（1）规模适宜度评价结果最好，产业用地比例、产业住宅用地比例适中

在四个适宜度中，规模适宜度评价结果最好，评价值为 0.8476，表

明合肥市产业用地的规模适宜，产业用地比例和产业住宅用地比例适中。为进一步提高产业用地集约度和规模适宜度，对比规模适宜度的评价标准值发现，合肥市今后应该适当加大产业用地规模与住宅用地规模，向标准值靠近，达到最佳集约利用状态。

（2）强度适宜度评价结果最差，产业用地建筑密度不达标，成为制约集约利用水平的首要问题

分析总体集约度较低的原因，从指示层入手，发现规模、结构、强度和布局四个适宜度中强度的评价结果最差，仅为0.2146。向因素层追溯，合肥市产业用地建筑密度较低，现状值为0.1744，远低于最优值0.5000，导致合肥市强度适宜度分值较低仅为0.2146，这是制约产业用地整体集约利用水平的首要问题。同时容积率指标、达标率指标的分值都整体偏低，最终导致强度适宜度评价结果不理想。究其原因，很大程度上是因为“圈地”现象，土地闲置、浪费等现象的存在。同其他城市的工业化发展初期阶段一样，合肥市为迎接产业转移、招商引资，工业用地出让地价较低。不少开发企业、单位低价拿地后并不开发建设，而是坐等土地升值，谋取暴利，“圈地”、浪费现象普遍存在。出让后的工业用地没有开发建设、没有构建工业生产所必需的车间厂房等基本生产设施。

（3）结构适宜度、布局适宜度评价结果偏低，产业用地距离集聚度和三产二产用地比例有待进一步提高

从评价结果来看，合肥市结构适宜度评价值为0.4000，布局适宜度评价值为0.3576，评价结果偏低，具体到因素层寻找原因发现合肥市距离集聚度评分较低，现状值为0.1381，远低于最优值1.0000，最终导致布局适宜度评分也不理想。主要原因是工业化中期，企业布局注重与材料、市场的距离，忽略了空间上的集聚。合肥市工业化中期，原有的工业企业发展处于原始状态，规模较小、辐射范围较弱，多分布在距离市场较近的区域，或者是距离原材料较近的区域。新增的工业企业多是随地价高低趋势分布，而没有充分考虑空间上的集聚。这样的直接结果是

各种不同的工业企业布局较分散，距离较远，没有形成规模效应，也导致了相关产业之间没有形成合理的产业链上下游关系集中布局。

三产二产用地比例虽然为非限制性指标，但在一定程度上也影响着产业用地的整体集约度。从评价结果来看，合肥市三产二产用地比例不理想，现状值为1.3251，高于最优值的0.1694，表明三产用地相对于二产用地规模过大。这与其所处的发展阶段有关，合肥市作为省会城市，在农业生产发展阶段，其第三产业不仅要满足自身需求，还承担着为全省农业生产提供服务的任务，同时利用强度低，多为单层建筑，所以三产用地面积大，而且布局分散。进入工业化加速阶段后虽然二产用地不断增加，但三产二产用地比例仍然不协调，所以在集约利用第二、第三产业用地的基础上，有必要进一步增加工业用地面积，这也符合增加产业用地规模的总体判断。

8.3 预警结果与分析

预警是利用未来的标准评判现在的产业用地集约利用情况，是对未来潜在问题的一种预判。根据《合肥市国民经济和社会发展第十二个五年规划纲要》，预计2020年代表合肥市经济发展水平的人均GDP达到15000美元，步入工业化中期阶段。

以合肥市市辖区为评级单元，以产业用地为评价对象，依据以上经济发展水平，对应提高经济关联指标标准值，确定预警整体标准，将面积分摊结果代入预警模型，得到预警结果。预警结果与分析如下。

8.3.1 预警结果

合肥市产业用地集约利用预警值0.1875，总体集约度水平$N1_{c1}^{a2}$级，集约利用水平属于不达标的情况，最理想评价因子为产业住宅用地比，最小限制因子为产业用地建筑密度，将合肥市产业用地集约度评价指标结果与预警指标结果逐一对比，如表8－5所示。

表8-5 合肥市产业用地集约评价值与预警值对比表

结果层	指示层	指标名称	现状值	评价隶属度	预警隶属度	评价最优值	预警最优值	指标类型
产业用地集约度 0.2062 预警值 0.1875	规模适宜度	产业用地比例	0.4648	0.8505	0.6531	0.4947	0.5343	经济关联指标
		产业住宅用地比	1.7459	0.8449	0.9806	1.5036	1.7759	经济关联指标
	结构适宜度	三产二产用地比	1.3251	0.2000	0.2000	0.1694	0.1322	经济关联指标
	强度适宜度	产业用地建筑密度	0.1744	0.1744	0.1744	0.5000	0.5000	独立指标
		产业用地建筑密度达标率	0.3469	0.3469	0.3469	1.0000	1.0000	独立指标
		产业用地容积率	0.5821	0.3457	0.3457	1.4000	1.4000	独立指标
		产业用地容积率达标率	0.3757	0.3757	0.3757	1.0000	1.0000	独立指标
		单位产业用地产值	2059.79	0.5748	0.3745	3069.5940	3545.3100	经济关联指标
		全区域地均从业人员	4.8200	0.5822	0.9152	3.5144	4.5552	经济关联指标
	布局适宜度	产业集聚度	0.5364	0.5364	0.5364	1.0000	1.0000	空间关联指标
		距离集聚度	0.1381	0.2829	0.2829	1.0000	1.0000	空间关联指标

8.3.2 预警结果分析

用未来更高的标准来衡量现有的产业用地利用水平，无疑是对现有的利用方式提出了更高的要求，但警情的出现可以帮助人们找到未来可能出现的问题，更快地调整利用方式。这里不再按照规模、结构、强度和布局来一一分析，而是直接找到影响整体集约利用水平的关键因素，直指问题的核心。

（1）产业用地建筑密度仍然成为限制集约利用水平的首要因素

通过预警模型计算发现，在未来一段时间，影响产业用地集约利用的首要因素仍然是产业用地建筑密度，并且随着预警标准的提高，产业用地建筑密度对整体结果的影响越来越大，评价结果还属于勉强的集约利用，而预警结果属于产业用地利用的不集约。从利用方式来看，如果产业用地利用仍然按照现有模式发展，“摊大饼”式的城市扩张，“圈地”现象、土地闲置、浪费现象继续存在，那么在未来的集约利用预警中，产业用地建筑密度将是制约产业用地总体集约利用水平的首要因素。

（2）三产二产用地比例、产业用地比例、单位产业用地产值评分降低

三产二产用地比例预警评价结果降低，是由于随着经济的发展，三产用地向立体化高度集约方向发展，对土地需求不断变小，二产用地适度集约，规模不断增加，总体预警标准值不断降低。合肥市现状三产用地远大于二产用地，三产二产用地比例预警评价结果进一步降低，所以要求合理调整产业用地结构，在集约利用的基础上，不断扩大工业用地规模，降低三产用地面积。产业用地比例、单位产业用地产值预警评分降低，是由于随着经济发展水平的不断提高，两项指标的集约利用标准也不断提高，预警结果降低。预警结果表明，随着经济发展水平的提高，我们要不断提高产业用地规模，提高单位面积的产出，才能适应未来的经济发展水平。

8.4 本章结论

8.4.1 结 论

1. 以产业用地建筑密度偏低为首，容积率指标、达标率指标、产业用地距离集聚度和三产二产用地比例评价结果较差等问题成为未来制约产业用地集约利用的主要因素

现状产业用地集约利用水平属于集约，但集约水平较低，属于刚刚

合格，导致以上问题的主要因素是产业建筑密度偏低，容积率指标、达标率指标、产业用地距离集聚度和三产二产用地比例评价结果较差。随着经济的发展，如果以上问题不加以改善的话，在未来仍然成为制约集约利用的首要因素。

2. 随着经济发展水平提高，集约利用评价标准不断提升，如果按照现有模式发展，总体集约水平将会变成不集约

通过对产业用地现状集约利用评价结果分析发现，合肥市产业用地总体集约度水平为Ⅲ_{c1}^{a1}级，属于集约利用，但属于刚刚合格。随着经济发展水平的提高，如果按照现有模式发展，不加以改进，那么合肥市产业用地集约利用水平在未来将会变成不达标，最小限制因子处于过低状态。

8.4.2 政策建议

针对上述合肥市产业用地现状的评价结果及总结分析，建议采取以下政策措施，进一步促进合肥市产业健康发展，实现产业用地集约节约利用。

1. 着力提高产业用地使用强度，实现建设用地集约利用

针对合肥市产业用地集约利用中存在的首要问题，应从加强产业用地使用强度着手，参照产业用地集约利用评价标准中强度的最优值，努力提高产业用地的建筑密度、容积率以及相应的达标率，使其回归到集约利用的合理水平，同时严格防止过度利用的情况发生。

2. 加强土地监督，严防“圈地”等现象的发生

坚决查处“圈地”现象、浪费和闲置现象，对存在囤地现象的企业、单位与个人征收土地闲置税费，超过规定时限批而未用的土地要及时收回。逐步增加土地集约利用的投资动力，政府加大宣传力度，鼓励集约节约使用土地的行为。

3. 科学规划，改善距离集聚度，使产业空间布局更加合理

土地规划、城镇规划、产业规划充分协调，合理布局产业用地。要

求实现产业在空间上的集聚，尽量布局在相应的园区内；实现产业的集聚，缩短空间距离，使产业之间实现相互衔接，同时形成完整的产业链上下游关系，真正发挥产业的规模集聚效应。

4. 降低三产二产用地比例，使结构适宜度回归到合理的水平，适应工业化后期发展的需要

逐步提高工业用地规模，控制第三产业用地的平面无序扩张，鼓励第三产业向地下和空中发展，适当降低三产二产用地比例，使结构适宜度回到合理的水平，以适应工业化后期重化工业发展的特点。

5. 提高产业用地、住宅用地规模，进一步完善规模适宜度

针对存在的合肥市产业用地比例偏低、产业住宅用地比例偏高等问题，需要严格参照产业用地集约利用评价标准的最优值，逐步提高产业用地、住宅用地规模，使产业用地规模适宜度继续保持在合理的水平。

第九章 结论与展望

当前土地集约利用逐渐成为建设节约型社会的主要内容之一，为适应建设节约型社会的要求，开展城市化地区产业用地集约利用研究，对于改变低效土地利用方式、提高产业用地利用效率和综合效益具有重要的现实意义。本研究通过产业用地面积分摊模型获取各产业用地基础数据，代入产业用地集约利用评价与预警模型，得到结果，针对存在的问题提出改进建议，为城市产业用地优化配置与管理提供科学依据。系统地梳理本研究的主要内容、得到的主要结论以及创新点，并回顾总结研究中的缺陷与不足，对于下一步的科研工作具有重要意义。

9.1 主要结论

本研究运用产业用地综合数据库中与宗地挂接好的经济普查数据和人口普查数据，构建混合宗地产业用地面积分摊模型，获取了不同类型产业用地的面积与分布，为产业用地集约利用评价做好了数据准备；以城市区域产业用地为研究对象，将市辖区作为评价基本单元，从区域层次上构建了产业用地集约利用评价指标体系、评价标准和评价与预警模型；运用这些模型对合肥市的产业用地进行了集约利用评价的实证研究，为合肥市产业用地集约利用调控提出了政策建议，同时也对模型进行了验证与修改完善。主要结论如下。

9.1.1 构建面积分摊模型、掌握各类产业用地面积

首先按照土地的产业用途，划分产业用地类型，达到与国民经济行业分类相互衔接的目的，区分产业用地与非产业用地类型。设计产业用地面积分摊技术路线，明确了各种类型宗地在面积分摊时的处理方式，引入经济普查数据、人口普查数据，并赋予空间位置信息，将社会经济属性赋予宗地。确定使用参数法，以人均用地为依据，进行面积分摊。

针对一个宗地上可能同时存在2种或2种以上产业用地类型的情况，采用不同类型产业用地的人均用地参数，根据不同宗地上不同类型产业的从业人数，构建了多用途宗地的面积分摊模型。在此基础上，构建了计算一定区域内各种类型产业用地的面积以及产业用地总面积的计算方法。采用此模型和计算方法，可以获得一定区域的产业用地总面积和各种不同类型产业用地的面积与分布。

运用该模型对合肥市2009年的各类产业用地进行了计算和分析。计算结果显示，合肥市产业用地总面积为11204.56公顷，按照《国民经济行业分类GB/T 4754－2002》，共有12门类、78大类、205中类和636小类的产业用地类型。按照国民经济三次产业的划分方法，合肥市第二产业用地面积为4734.94公顷，第三产业用地面积为6469.61公顷。

9.1.2 构建城市产业用地集约利用评价与预警模型

遵循产业经济学的一般规律，通过分析最终确定产业用地的规模、结构、利用强度和空间布局为产业用地发展的主要影响因素，综合传统的强度评价，从规模、结构、强度和布局四个方面评价产业用地集约利用情况。从结果层、指示层和因素层三个层次，构建了三级收敛的评价指标体系，结果层表示产业用地整体集约利用水平，指示层包含规模、结构、强度和布局四个适宜度，因素层是每个适宜度包含的具体评价指标。这样的评价指标体系既可以在宏观上把握整体的评价结果，又可以从中观的规模、结构、强度、布局适宜度上总结问题类型，还可以在微

观的因素层上寻找具体问题，提出具有针对性的对策。对应评价指标体系，为每个指标构建评价标准。

针对指标的特性，标准分为三类：经济关联指标标准、空间关联指标标准和独立指标标准。经济关联指标标准是指评价指标标准与经济发展水平高度相关，基于产业经济学的一般原理，通过大量实例数据拟合函数构建的随经济发展水平变化而变化的动态标准；独立指标标准是与经济发展水平变化相关度不大的固定标准，通过参照相关国家与地方标准制定；空间关联指标标准是用于布局评价的标准，通过专家经验确定标准值，所以采用固定标准值。

评价模型首先计算各个指标的隶属度函数值，表达了评价指标现状值与标准值之间符合程度的含义。在此基础上，应用相对权重模型为各个指标赋予权重值，这样避免了最小因子法、权重法的不足，使不同量纲的评价因子之间限制性的比较成为可能，并能帮助迅速定位问题，为评价结果分析提供有力的支撑。最后，采用传统多因素评价法，根据各个指标的隶属度值和权重值计算规模适宜度、结构适宜度、强度适宜度和布局适宜度以及产业用地整体的集约度，得到集约利用评价结果。

预警模型采用与评价模型相同的指标体系和计算公式，只是将采用未来预期发展水平下的标准，也就是预测一定时期的经济发展水平，及其对应的产业用地集约利用标准。应用这个新的标准，采用与评价模型相同的方法，对产业用地的现状数据进行评价。由此得到的评价结果反映了在产业用地现状不改变的条件下未来一定时期的集约利用水平。对于某一个评价单元，如果评价结果不集约，表明必须采取相应的调控措施调控产业用地的利用状况，否则就会出现警情，发出相应的警报，提示决策者做出相应的反应，以期避免产业用地不集约现象的发生。

9.1.3 产业用地集约利用评价与预警实证研究

以行政区域市辖区范围产业用地为评价对象，开展集约利用评价和预警，评价和预警结果可以为区域产业用地及产业的宏观调控政策提供决策依据。评价结果显示：合肥市产业用地利用水平是III_{c1}^{a1}级，为集约利用，但集约利用水平很低。强度适宜度中的产业用地建筑密度较低是近期限制合肥市集约利用水平的主要因素，同时产业用地容积率、产业用地建筑密度达标率、产业用地容积率达标率评价结果都不理想，分析以上结果发现“圈地”和闲置、低效利用是造成这一问题的主要原因，针对这种情况要加强土地监管，杜绝此类情况发生；布局适宜度中的距离集聚度评价结果偏低，主要原因是工业化发展初期，分布较为分散，没有在空间上集聚形成规模效应，今后产业布局要提前规划、空间集聚；结构适宜度中三产二产用地比例评价结果不高，表明合肥市现状第二、第三产业用地比例不协调，应加大第二产业用地面积，尤其是工业用地面积，控制第三产业用地的平面扩张，逐步向地下和空中扩展；规模适宜度评价结果较好，表明合肥市现状产业用地规模适中，产业用地与住宅用地配比合适，为进一步完善评价结果，使现状值更加接近标准，可以适当加大产业用地面积（主要是工业用地面积）和住宅用地面积。

随着经济发展水平的提高，各项标准值不断提高，2020 年预警结果显示：合肥市产业用地利用水平是$N1_{c1}^{a2}$级，这表明如果产业用地利用仍然按照现有模式发展，那么在将来会出现不集约利用的风险，其中主要限制因子仍然是产业用地建筑密度。如果“圈地”现象，土地闲置、浪费现象在未来继续存在，那么会直接导致未来产业用地利用不集约。

同时验证评价模型，将合肥数据代入产业用地集约利用评价与预警模型，评价与预警模型可用，评价与预警结果可分析、可解释，能针对具体问题提出具有针对性的对策。

9.2 创新点

9.2.1 产业用地面积分摊模型

为解决现有土地分类对城市第二、第三产业用地划分过于粗略，与国民经济行业分类缺乏有效衔接，导致无法准确掌握城市各类第二、第三产业用地类型与面积的问题，本研究通过引入经济普查数据、人口普查数据，把产业单位社会经济属性赋予土地，在现有土地分类的基础上将城市第二、第三产业用地类型进一步细分，与国民经济分类衔接。针对一块宗地上可能同时存在2种或2种以上产业类型的情况，采用参数法构建了多用途宗地的面积分摊模型，在此基础上构建了计算一定区域内各种类型产业用地的面积以及产业用地总面积的计算方法。采用此模型和计算方法，可以获得一定区域的产业用地总面积和各种不同类型产业用地的面积与分布。以合肥市为研究实例，应用面积分摊计算方法，通过计算推算分摊系数、推算分摊面积和实际分摊面积得到各类型产业用地面积和产业用地总面积，同时绘制产业用地分布图。研究结论表明面积分摊计算方法能够为产业用地评价提供数据基础，为产业用地结构调整和布局优化提供有用指导。该技术属于首创，目前国内外还没有该类技术的报道。

9.2.2 规模、结构、强度、布局适宜度评价

传统的建设用地集约节约利用评价指标体系多从强度方面构建，具体包含土地投入强度、土地产出强度、土地利用强度等。部分专家学者从结构和布局方面进行初步研究构建评价指标体系，但方法尚未完全成熟。产业用地集约利用评价的内容与方法和建设用地集约利用评价的内容与方法有相似之处，评价重点都包含利用强度指标。但产业用地的集约利用评价不仅仅局限于强度，因为产业用地利用的主体是产业，研究一定要基于产业经济学的一般原理，符合产业发展的规律和特点。同时基于土地规模利用理论、产业结构理论、土地报酬递减规律和土地区位理论，影响产业发展的因素包括经济发展水平、规模、结构、强度和布局等方面。

因此本研究从产业用地集约利用的主要影响因素出发，在传统强度评价的基础上，从规模、结构、利用强度与空间布局四个方面来构建评

价指标体系，进行适宜度评价，对于丰富建设用地集约利用评价的角度，做出了有益的探索。

9.2.3 经济关联指标标准

基于“经济发展水平—产业结构—产业用地结构—产业用地集约利用”的客观规律与关系，提出了经济发展水平决定产业用地规模、结构、强度和布局标准的理论假设。在理论假设的基础上，通过大量不同经济发展水平下不同城市的实例研究，构建了随经济发展水平变化而变化的经济关联指标标准，包括产业用地比例标准、产业住宅用地比例标准、三产二产用地比例标准、单位产业用地产值标准、全区域地均从业人员标准，为产业用地集约利用评价，提供了适用性较强、符合产业发展规律的评价标准和依据。

9.2.4 产业用地集约利用预警研究

现有的土地预警研究集中在耕地资源保有量、可建设用地资源保有量等方面，在集约利用方面的预警尚属首次提出。预警是指提前认识到未来某一时刻存在的风险，并采取相应措施避免险情的出现。同理，产业用地集约利用预警是现在就认识到未来某一时刻产业用地有不集约利用情况存在的风险。因为随着经济发展水平的不断提高，产业用地集约化水平也会显著提高，产业用地集约利用的标准也会随之提高。一些现状利用水平达到集约的产业用地，在未来一定时期，由于标准的提高，会出现不集约的现象。预警的目的，就是要及时发现产业用地在将来一段时期其用地规模、结构、利用强度和布局的集约利用情况，并依据预警结果采取相应的措施防止不集约现象的出现。

因此根据以上概念，预警与评价采用相同的指标体系和评价模型，只是将采用未来预期发展水平下的标准。由此得到的结果，客观上衡量了评价对象现状与预期目标的差距。结合评价对象发展趋势的判断，就可以给出产业用地是否能够持续保持集约利用状态的评价。同时根据现状与目标差距的大小，可及时发出相应的警情，提示决策者做出相应的反应，以期避免产业用地不集约现象的发生。

9.3 展 望

由于以前土地集约利用评价的重点在工业用地、开发区用地，同时缺少系统的产业用地数据，关于产业用地集约利用评价的研究也比较少。本研究在产业用地综合数据库的基础上，通过混合宗地的产业用地面积分摊，全面获取了城市产业用地的面积与分布等系统而翔实的数据，以此为基础，构建了产业用地集约利用评价模型，并进行了实证研究。在产业用地面积分摊、集约利用评价模型、指标体系和评价标准等方面都进行了一些创新性的尝试，也存在一些不足，具体如下：

（1）在面积分摊模型中，以经济普查数据为研究基础，以真实的产业单位的经济属性为面积分摊的依据，分摊出来的结果是实际用于生产经营活动的产业用地，区别于以往基于地类调查的产业用地。对于规划新建、在建等没有实际生产活动的产业用地缺乏考虑。通过数学方法，将宗地面积按经济属性分摊到各类产业上，是一种近似计算的方法，体现了各行业对土地需求的差异性。在各行业整体波动性不大的情况下使用推算分摊系数代表行业整体用地水平，一定程度上忽视了行业内部具体每个单位土地利用的个体差异性。如果能获得行业用地实地调查数据，并与面积分摊数据做比较分析，则可以进一步提高模型的准确性。所以今后在条件允许的情况下，应加强这方面的研究。

（2）本文采用了全国221个综合型城市产业用地的现状数据作为样本，拟合构建了经济关联指标标准，将合肥市的产业用地现状值与这个标准比较得到评级结果。这个结果从根本上讲是合肥市的现状数据与全国其他同一经济发展水平的综合型城市的现状数据的相对比较结果，这一做法的前提是全国其他大多数的综合型城市在各自的经济发展水平下其产业用地属于相对集约的。但文章缺乏这方面的研究与论证，在一定程度上影响了评价结果的准确性，所以，在以后的工作中要加强这方面的研究。

（3）由于缺乏生态环境相关背景数据，在评价指标体系中，没有相应的产业用地环境评价指标，对于不同产业用地之间的关联度也缺乏深入的考虑，而这些因素对产业用地的规模和布局皆会有较大的影响，需要在今后的研究中进一步补充分析。

（4）在构建产业用地集约利用评价模型时，尽量考虑了模型在不同类型城市的适用性，在合肥市进行了试用、验证和完善，并取得了很好的效果。不过，由于我国的城市发展类型多样，产业用地受当地的经济发展模式、资源环境背景的制约较大。因此，如何提高论文中所提出的评价模型和指标体系的普适性，以及如何在实践中应用这一成果是今后要考虑的重点问题。

（5）限于数据限制，对产业用地空间分布格局、分布特征和合理性评估不够深入，需要在后续工作中，在方法和理论方面进行深入研究。

参考文献

[1] Alonso W. Location and land use. Toward a general theory of land rent. [J]. Economic Geography, 1964, 42 (3): 11 –26.

[2] Asheim G. B. Net National Product as an Indicator of Sustainability [J]. Scandinavian Journal of Economics, 1994, 96 (2): 257 –265.

[3] Bardo, JohnW.. Urban sociology : a systematic introduction [M]. F. E. Peacock, 1982.

[4] Barlowe R. L. and resource economics : the economics of real estate [J]. Land Resource Economics the Economics of Real Estate, 1978: 68.

[5] Barr N., Cary J.. Greening a brown land: the Australian search for sustainable land use. [J]. Greening A Brown Land the Australian Search for Sustainable Land Use, 1992.

[6] Berry B. J. L.. Central Places in Southern Germany [J]. Economic Geography, 1967, 67 (3): 118 –126.

[7] Brundtland G. H. World Commission on environment and development [J]. Environmental Policy & Law, 1985, 14 (1): 26 –30.

[8] Chen H., Jia B., Lau S. S. Y.. Sustainable urban form for Chinese compact cities: Challenges of a rapid urbanized economy [J]. Habitat International, 2008, 32 (1): 28 –40.

[9] Fisher A. G. B.. The clash of progress and security [M]. The clash of progress and security, Macmillan, 1935.

[10] Gabriel S. A., Faria J A, Moglen G E. A multiobjective optimization approach to smart growth in land development [J]. Socio – Economic Planning Sciences, 2006, 40 (3): 212 –248.

[11] Geoghegan J. The value of open spaces in residential land use [J]. Land Use Policy,

2002, 19 (1): 91 - 98.

[12] Harris C. D., Ullman E. L. The Nature of Cities [J]. Annals of the American Academy of Political & Social Science, 1945, 242 (1): 7 - 17.

[13] Hoffmann W. G.. Stadien und Typen der Industrialisierung [J]. Weltwirtschaftliches Archiv, 1969, 103: 321 - 327.

[14] Howard E. S.. Garden cities of to - morrow [M]. Routledge, 2007.

[15] Howley P.. Attitudes towards compact city living: Towards a greater understanding of residential behaviour [J]. Land Use Policy, 2009, 26 (3): 792 - 798.

[16] Hoyt H.. Recent Distortions of the Classical Models of Urban Structure [J]. Land Economics, 1964, 40 (2): 199.

[17] Kuznets S. S.. Modern economic growth: rate, structure, and spread [J]. Journal of Political Economy, 1968, 37 (Volume 76, Number 3): 475 - 476.

[18] Lau S. S. Y., Giridharan R, Ganesan S. Multiple and intensive land use: Case studies in Hong Kong [J]. Habitat International, 2005, 29 (3): 527 - 546.

[19] Liu X. D.. Discussion on the Index System of Intensive Land Use Evaluation in Development Area [J]. Asian Journal of Agricultural Research, 2011, 2 (2): 91 - 96.

[20] Luo X. M., Hong - Wei H. E., Xin - Li K. E.. Evaluation of Urban Land Intensive Use Based on Analytic Hierarchy Process——A Case of Zhongxiang City, Hubei Province, China [J]. Asian Agricultural Research, 2009, 1 (10): 38 - 42.

[21] Malthus T.. Population: the first essay. [J]. Michigan: University of Michigan Press, 1959

[22] Marshall A.. Principles of Economics: An Introductory Volume [J]. Social Science Electronic Publishing, 1927, 67 (1742): 457.

[23] Martens J. Two genetic algorithms to solve a layout problem in the fashion industry [J]. European Journal of Operational Research, 2004, 154 (1): 304 - 322.

[24] Meng Y., Zhang F. R., An P. L., et al. Industrial land - use efficiency and planning in Shunyi, Beijing [J]. Landscape & Urban Planning, 2008, 85 (1): 40 - 48.

[25] Metternicht G., Islam Z.. The Performance of Fuzzy Operators on Fuzzy Classification of Urban Land Covers [J]. Photogrammetric Engineering & Remote Sensing, 2005,

71 (1): 59 -68.

[26] Miller J. S., Hoel L. A.. The "smart growth" debate: best practices for urban transportation planning [J]. Socio - Economic Planning Sciences, 2002, 36 (1): 1 -24.

[27] Morehouse, Ward E.. Elements of land economics [M]. Macmillan, 1924.

[28] Mumford L.. The city in history : its origins, its transformations, and its prospects [J]. American Journal of Sociology, 1962: 5.

[29] Nugent J. B.. Industrialization and growth: A comparative study [J]. 1986 (4): 591 -596.

[30] Ratzel F., Henderson C. R.. Politische Geographie, oder die Geographie der Staaten, des Verkehres und des Krieges. [J]. American Journal of Sociology, 1903.

[31] Rees W., Wackernagel M.. Urban Ecological Footprints: Why Cities Cannot be Sustainable - and Why They are a Key to Sustainability [J]. Environmental Impact Assessment Review, 1996, 16 (4 -6): 223 -248.

[32] Ricardo B. D.. The Principles of Political Economy and Taxation [J]. History of Economic Thought Books, 2011, 1 (3494): 62 -74.

[33] Sahoo B., Lohani A. K., Sahu R. K.. Fuzzy Multiobjective and Linear Programming Based Management Models for Optimal Land - Water - Crop System Planning [J]. Water Resources Management, 2006, 20 (6): 931 -948.

[34] Samuelson P. A.. The Pure Theory of Public Expenditure [J]. Review of Economics & Statistics, 1954, 36 (4): 387 - 389.

[35] Schmidt J., Hewitt A.. Fuzzy land element classification from DTMs based on geometry and terrain position [J]. Geoderma, 2004, 121 (3): 243 -256.

[36] Slee B. Social indicators of multifunctional rural land use: The case of forestry in the UK [J]. Agriculture Ecosystems & Environment, 2007, 120 (1): 31 -40.

[37] Smith A.. An inquiry into the nature and causes of the wealth of nations [M]. Liberty Classics, 2015.

[38] Thinh N. X., Arlt G., Heber B., et al. Evaluation of urban land - use structures with a view to sustainable development [J]. Environmental Impact Assessment Review, 2002, 22 (5): 475 -492.

[39] Thu? Nen J. H. V, Hall P. , Thu? Nen J. H. V. . Von Thunen's isolated state [J]. Oxford: Pergamon press, 1966.

[40] Torrens P. M. , O'Sullivan D. . Cellular automata and urban simulation: where do we go from here? [J]. Environment & Planning B Planning & Design, 2001, 28 (28): 163 - 168.

[41] Turgot A. . Reflections on the Formation and the Distribution of Riches [J]. Journal of Political Economy, 1898, 21: 216.

[42] Ward D. P. , Murray A. T. , Phinn S. R. . A stochastically constrained cellular model of urban growth [J]. Computers Environment & Urban Systems, 2000, 24 (6): 539 - 558.

[43] Wen M. . Relocation and agglomeration of Chinese industry [J]. Journal of Development Economics, 2001, 73 (1): 329 - 347.

[44] West E. S. . Essay on the application of capital to land : with observations shewing the impolicy of any great restriction of the importation of corn, and that the bounty of 1688 did not lower the price of it [M]. Verlag Wirtschaft und Finanzen, 1996.

[45] Witt C. , Dobermann A. , Abdulrachman S. , et al. Internal nutrient efficiencies of irrigated lowland rice in tropical and subtropical Asia [J]. Field Crops Research, 1999, 63 (2): 113 - 138.

[46] Wu F. , C. J. W. . Simulation of land development through the integration of cellular automata and multicriteria evaluation [J]. Environment and Planning B: Planning and Design, 1998, 25 (1): 103 - 126.

[47] Xia Li, Anthony Gar - On Yeh. Modelling sustainable urban development by the integration of constrained cellular automata and GIS [J]. International Journal of Geographical Information Science, 2000, 14 (2): 131 - 152.

[48] Yeh A. G. , Wu F. L. . The New Land Development Process and Urban Development in Chinese Cities [J]. International Journal of Urban and Regional Research, 1996, 20 (2): 330 - 353.

[49] Zadeh L. A. . Fuzzy sets [J]. Information & Control, 1965, 8 (3): 338 - 353.

[50] Zoran M. A. . Modeling coastal environmental changes by fuzzy logic approach [J]. Proc Spie, 2004, 5574 : 402 - 409.

[51] 白冰冰，成舜，李兰维. 城市土地集约利用潜力宏观评价探讨——以内蒙古包头市为例 [J]. 华东师范大学学报（社会哲学科学版），2003，35（1）：83-88.

[52] 毕宝德. 土地经济学. 第5版 [M]. 北京：中国人民大学出版社，2006.

[53] 蔡孝箴. 城市经济学 [M]. 天津：南开大学出版社，1998.

[54] 蔡育天. 加快机制转变实现土地资源集约利用 [J]. 中国土地，1996，(2)：20-21.

[55] 曹新元. 中国国土资源可持续发展研究报告 [M]. 北京：地质出版社，2005.

[56] 常青，王仰麟，吴健生，等. 城市土地集约利用程度的人工神经网络判定——以深圳市为例 [J]. 中国土地科学，2007，21（4）：26-31.

[57] 常胜，李江风. 基于BP神经网络的城市土地集约利用评价——以湖北省鄂州为例 [J]. 资源与产业，2010，12（2）：31-34.

[58] 陈基伟. 上海市产业用地节约集约发展对策刍议 [J]. 上海国土资源，2010，31（3）：41-44.

[59] 陈利根，郭立芳. 我国开发区土地利用现状、成因与对策 [J]. 中国农业资源与区划，2004，25（3）：1-5.

[60] 陈书荣. 城市土地集约利用的"三观" [J]. 上海土地，2000（4）：39.

[61] 陈伟，李阳，吴群，等. 基于产业差异修正的工业行业土地集约利用评价研究——以江苏省为例 [J]. 资源科学，2012，34（12）：2256-2264.

[62] 陈纬. 大陆城市土地集约利用的方法研究 [J]. 中国土地科学，1996，10（6）：32-33.

[63] 陈曦炜，宋伟. 北京市海淀区农村居民点集约利用评价 [J]. 资源科学，2009，31（10）：1772-1778.

[64] 陈燕. 从产业结构优化来探析城市土地合理利用 [J]. 南京社会科学，2005（9）：38-42.

[65] 陈逸，黄贤金，陈志刚，等. 城市化进程中的开发区土地集约利用研究——以苏州高新区为例 [J]. 中国土地科学，2008，22（6）：11-16.

[66] 陈昱，陈银蓉，马文博. 湖北省工业用地集约利用综合评价——基于365家典型工业企业的问卷调查 [J]. 自然资源学报，2013，28（1）：73-80.

[67] 丁林可，田燕. 工业用地集约利用评价指标体系初探 [J]. 国土资源科技管理，2007（5）：18-21.

[68] 董藩. 土地经济学 [M]. 北京：北京师范大学出版社, 2010.

[69] 杜能, 约翰·冯, 吴衡康. 孤立国同农业和国民经济的关系 [M]. 北京：商务印书馆, 1986.

[70] 杜学. 榆林市用地结构与产业结构演变的关联研究 [D]. 西安：西北大学, 2012.

[71] 恩格斯. 恩格斯全集 [M]. 北京：人民出版社, 1960.

[72] 番婷婷. 我国城市土地集约利用研究综述 [J]. 合作经济与科技, 2010, 29 (21)：18-19.

[73] 樊敏, 刘耀林, 王汉花. 基于协调度模型的城市土地集约利用评价研究 [J]. 测绘科学, 2009, 34 (1)：144-146.

[74] 方必和, 曹丽丽. 我国城市化进程中的土地利用问题及其应对措施的研究 [J]. 经济研究导刊, 2010 (8) 8：74-76.

[75] 菲利普·潘什梅尔. 法国 [M]. 上海：上海译文出版社, 1980.

[76] 符娟林, 乔标. 基于模糊物元的城市化生态预警模型及应用 [J]. 地球科学进展, 2008, 23 (9)：990-995.

[77] 龚义, 吴小平, 欧阳安蛟. 城市土地集约利用内涵界定及评价指标体系设计 [J]. 浙江国土资源, 2002, (1)：46- 49.

[78] 顾湘, 姜海, 王铁成, 等. 工业用地集约利用评价与产业结构调整——以江苏省为例 [J]. 资源科学, 2009, 31 (4)：612- 618.

[79] 顾湘. 区域产业结构调整与土地集约利用研究 [D]. 南京：南京农业大学, 2007.

[80] 郭爱清, 葛京凤. 河北省城市土地集约利用潜力评价方法探讨 [J]. 资源科学, 2006, 28 (4)：65- 70.

[81] 郭栋, 童新华. 开发区土地集约利用评价指标体系的研究 [J]. 中国集体经济, 2008 (Z1)：83-84.

[82] 郭贯成, 任宝林, 吴群. 基于 ArcGIS 的江苏省金坛市工业用地集约利用评价研究 [J]. 中国土地科学, 2009, 23 (8)：24- 30.

[83] 郭志仪, 李娟. 世界人口城市化现状及存在的问题 [J]. 西北人口, 2008 (6)：12-15.

[84] 国家计委宏观经济研究院课题组. 我国资源型城市的界定与分类 [J]. 宏观经

济研究，2002（11）：37－39.
[85] 国土资源部规划司. 中国城镇化进程中的土地制度和政策研究［M］. 北京：地质出版社，2002.
[86] 何芳，肖宗仁. 上海产业用地利用现状及发展对策［J］. 中国房地产，2008（10）：51－53.
[87] 何芳. 城市土地集约利用及其潜力评价［M］. 上海：同济大学出版社，2003.
[88] 何书金，苏光全. 开发区闲置土地成因机制及类型划分［J］. 资源科学，2001，23（5）：17－22.
[89] 何书金，苏光全. 开发区闲置土地的数量、分布与利用潜力［J］. 地理科学进展，2000，19（4）：343－350.
[90] 洪增林，薛惠锋. 城市土地集约利用潜力评价指标体系［J］. 地球科学与环境学报，2006，25（1）：106－110.
[91] 黄晨. 城市商业用地的节约利用评价研究［D］. 武汉：华中科技大学，2008.
[92] 黄大全，洪丽璇，梁进社. 福建省工业用地效率分析与集约利用评价［J］. 地理学报，2009，64（4）：479－486.
[93] 纪良纲，陈晓永. 城市化与产业集聚互动发展研究［M］. 北京：冶金工业出版社，2005.
[94] 季晓莉. 城镇化不等于消灭村庄——中央农村工作领导小组副组长、办公室主任陈锡文谈“十二五”时期城乡一体化改革［J］. 新农民月刊，2010（8）：13－14.
[95] 贾宏俊，黄贤金，于术桐，等. 中国工业用地集约利用的发展及对策［J］. 中国土地科学，2010，24（9）：52－56.
[96] 贾智海，郝晋珉. 基于模糊综合评价的城市土地集约利用评价研究——以长治市为例［J］. 中国人口·资源与环境，2011，21（12）：129－134.
[97] 姜爱林. 关于信息化推动城镇化的战略选择［J］. 产经评论，2001（6）：21－24.
[98] 姜爱林. 新中国成立以来城镇化发展的历史变迁［J］. 宁波经济丛刊，2002，18（2）：80－83.
[99] 姜海，曲福田，欧名豪，等. 区域土地集约利用评价方法与应用［J］. 农业工程学报，2008（24）：117－123.

[100] 姜仁荣，李满春. 区域土地资源集约利用及其评价指标体系构建研究 [J]. 地域研究与开发, 2006, 25 (4): 117 - 124.

[101] 靳瑞萍. 深圳市产业结构与用地结构的互动关系研究 [J]. 内蒙古师范大学学报（自然科学汉文版）, 2010, 39 (1): 59 - 65.

[102] 李焕，徐建春，李翠珍，等. 基于BP人工神经网络的开发区土地集约利用评价——以浙江省为例 [J]. 地域研究与开发, 2011, 30 (4): 122 - 126.

[103] 李建功. 国有土地资产流失渠道与表现 [J]. 中国土地, 1999, 5: 26 - 28.

[104] 李景刚，欧名豪，刘志坚，等. 江苏省开发区土地集约利用潜力研究 [J]. 中国人口. 资源与环境, 2006, 16 (6): 129 - 134.

[105] 李俊丽. 城市土地出让中的地方政府经济行为研究 [D]. 成都: 西南财经大学, 2008.

[106] 李立静. 合肥市产业结构与就业结构演化与互动分析 [D]. 合肥: 合肥工业大学, 2010.

[107] 李闽，姜海. 建设用地集约利用的理论与政策研究 [J]. 中国土地科学, 2008, 22 (02): 55 -61.

[108] 李谦，蒋瑜，杨正清，等. 基于ANN的城市居住用地集约利用水平评价研究 [J]. 国土资源科技管理, 2008, 25 (2): 57 - 62.

[109] 李琴，程久苗，樊小凤. 安徽产业结构与用地结构变化的相关性分析 [J]. 科技和产业, 2008, 8 (3): 32 - 35.

[110] 李树国，马仁会. 对我国土地利用分类体系的探讨 [J]. 中国土地科学, 2000, 14 (1): 39 - 40.

[111] 李双异，邵永东，张晓东，等. 辽宁省工业开发区土地集约利用评价指标体系研究 [J]. 国土资源科技管理, 2008, 25 (5): 43 - 46.

[112] 李天阁，潘元庆，张雷，等. 浅析如何促进城市建设用地节约集约利用——以平顶山市为例 [J]. 安徽农学通报, 2007, 13 (19): 349 - 353.

[113] 李霞，刘秀华. 重庆市都市区城镇土地集约利用现状评价与分析 [J]. 西南农业大学学报（社会科学版）, 2005, 3 (4): 9 - 12.

[114] 林坚，陈祁晖，晋璟瑶. 土地应该怎么用——城市土地集约利用的内涵与指标评价 [J]. 中国土地, 2004, 11: 4 - 7.

[115] 林宁，马才学. 土地可持续利用多指标综合预警技术研究——以湖北省为例

[J]. 国土资源科技管理, 2008, 25 (4): 105 - 111.
[116] 刘菊鲜. 基于城乡统筹发展的土地利用协调性研究 [D]. 武汉: 华中农业大学, 2008.
[117] 刘力, 邱道持, 粟辉, 等. 城市土地集约利用评价 [J]. 西南师范大学学报 (自然科学版), 2004, 29 (5): 888 - 891.
[118] 刘灵辉, 陈银蓉, 石伟伟. 基于模糊综合评价法的柳州市土地集约利用评价 [J]. 广东土地科学, 2007, 6 (3): 25 - 28.
[119] 刘明亮, 沈彦. 城市建设用地集约利用评价研究——以长沙市为例 [J]. 江西农业学报, 2008, 20 (10): 164 - 166.
[120] 刘平辉, 郝晋珉. 土地利用分类系统的新模式——依据土地利用的产业结构而进行划分的探讨 [J]. 中国土地科学, 2003, 17 (1): 16 - 26.
[121] 刘平辉. 基于产业的土地利用分类及其应用研究 [D]. 北京: 中国农业大学, 2003.
[122] 刘书楷, 曲福田. 土地经济学 [M]. 北京: 中国农业出版社, 2004.
[123] 刘瑜. 基于模糊综合评价法的城市土地集约利用评价研究 [D]. 南京: 南京师范大学, 2008.
[124] 卢胜. 集约利用是城区政府经营土地资源的现实选择——以成都高新区武侯科技园集约用地为例 [J]. 资源开发与市场, 2003, 19 (4): 234 - 236.
[125] 卢艳. 轨道交通建设对城市土地利用影响关系研究 [D]. 西安: 长安大学, 2008.
[126] 鲁春阳, 杨庆媛, 龙拥军. 城市用地结构与产业结构关联的实证研究——以重庆市为例 [J]. 城市发展研究, 2010, 17 (1): 102 - 107.
[127] 鲁春阳. 城市用地结构演变与产业结构演变的关联研究 [D]. 重庆: 西南大学, 2011.
[128] 路振华, 张军连, 李宪文, 等. 基于城市土地产业属性的面积分摊计算方法研究——以合肥市为例 [J]. 自然资源学报, 2013, 28 (3): 517 - 528.
[129] 罗罡辉, 钱竞, 彭云飞. 高度城市化地区的建设用地布局实践——以深圳市为例 [J]. 特区经济, 2012 (5): 30 - 32.
[130] 骆培聪, 董芙蓉, 李婷婷. 基于中观尺度的福州市城市居住用地集约利用评价 [J]. 沈阳师范大学学报 (自然科学版), 2008, 26 (4): 485 - 490.

[131] 马建明. 城市土地集约化利用问题研究 [D]. 乌鲁木齐：新疆大学, 2005.

[132] 马克思. 德意志意识形态 [M]. 北京：人民出版社，1960.

[133] 马克思. 资本论 [M]. 北京：人民出版社, 1976.

[134] 马克伟. 土地大辞典 [M]. 长春：长春出版社, 1991.

[135] 马涛. 中国城市产业用地集约利用的研究 [D]. 上海：上海社会科学院, 2008.

[136] 毛蒋兴, 闫小培, 王爱民, 等. 20 世纪 90 年代以来我国城市土地集约利用研究述评 [J]. 地理与地理信息科学, 2005, 21 (2): 48 - 57.

[137] 明开宇, 雷国平, 张慧, 等. 基于 RS 的城市居住用地集约利用评价——以大庆市龙凤区为例 [J]. 水土保持研究, 2013, 20 (1): 202 - 205.

[138] 倪杰. 我国城市化进程中土地集约利用问题及对策 [J]. 经济纵横, 2006 (13): 42 - 44.

[139] 聂宜民, 杨锐, 张会会, 等. 基于 OSGI 插件机制的县（市）级开发区土地集约利用评价系统解决方案 [J]. 中国土地科学, 2010, 24 (4): 66 - 69.

[140] 牛星, 欧名豪. 青岛市开发区土地集约利用评价与研究 [J]. 中国农业资源与区划, 2007, 28 (5): 47 - 51.

[141] 农村工作通讯社. 国家新型城镇化规划（2014 -2020 年）[J]. 农村工作通讯, 2014 (6): 32 -48.

[142] 欧名豪. 土地利用总量规划控制中的城乡建设用地规模问题 [J]. 华中农业大学学报（社会科学版), 2000, 4: 55 - 58.

[143] 潘琦, 王丽青. 城市土地集约利用与土地置换 [J]. 中国土地科学, 1996, 10 (2): 1 - 4.

[144] 彭浩, 曾刚. 上海市开发区土地集约利用评价 [J]. 经济地理, 2009, 29 (7): 1177 - 1181.

[145] 乔伟峰, 孙在宏. GIS 辅助下城市土地集约利用潜力评价方法研究——以江苏省苏州市为例. [J] 国土资源科技管理, 2004 (1): 34 - 37.

[146] 冉雄光. 略论土地利用方式从粗放型向集约型转变 [J]. 国土经济, 1996, (4): 52 - 54.

[147] 邵华, 徐国彬, 张晋丽. 浅议中国城市土地的集约化利用 [J]. 资源科学, 1999, 21 (3): 59 - 62.

[148] 邵晓梅，刘庆，张衍毓. 土地集约利用的研究进展及展望［J］. 地理科学进展, 2006, 25（3）: 86－95.

[149] 申屠杜平，严政，欧阳安蛟. 浙江工业用地集约利用控制指标研究［J］. 中国土地, 2003（10）: 28－32.

[150] 石频. 城镇建设用地集约利用的动力机制研究——以黔江区为例［D］. 重庆: 西南大学, 2007.

[151] 石忆邵，樊文平，蒲晟. 我国大都市产业用地规模、结构与效益的比较分析［J］. 同济大学学报（社会科学版）, 2010, 21（2）: 25－31.

[152] 史丽君，张绍良，王浩宇，等. 基于PSR框架的徐州市城市土地集约利用评价研究［J］. 国土与自然资源研究, 2006,（1）: 4－5.

[153] 宋成舜，黄莉敏，翟文侠，等. 基于功能区的西宁市商业用地集约利用研究［J］. 西北师范大学学报（自然科学版）, 2011, 47（3）: 98－102.

[154] 宋成舜，翟文侠，陈志，等. 西宁市居住用地集约利用潜力研究［J］. 水土保持研究, 2011, 18（4）: 101－106.

[155] 宋春华. 房地产大辞典［M］. 北京: 红旗出版社, 1993.

[156] 宋戈，王兰霞，方斌，等. 大城市周边卫星城土地集约利用评价方法研究——以黑龙江省阿城市为例［J］. 经济地理, 2005, 25（6）: 887－890.

[157] 宋戈，张文雅，马和. 森工城市转型期土地集约利用指标体系的构建与评价——以黑龙江省伊春市为例［J］. 中国土地科学, 2008, 22（10）: 31－33.

[158] 宋红梅，侯湖平，张绍良. 基于熵值法的城市土地集约利用评价［J］. 资源开发与市场, 2007, 23（2）: 116－119.

[159] 苏东水. 产业经济学［M］. 北京: 高等教育出版社, 2000.

[160] 谭丹，黄贤金，周峰，等. 工业用地集约水平影响因素实证研究——以常州、南通、盐城为例［J］. 城市问题, 2009, 2: 41－44.

[161] 谭鑫，匡建超，高霞. 基于熵权——模糊综合评价模型的开发区土地集约利用评价［J］. 国土资源科技管理, 2011, 28（5）: 42－47.

[162] 陶志红. 城市土地集约利用几个基本问题的探讨［J］. 中国土地科学, 2000, 14（5）: 1－5.

[163] 涂志华，王兴平. 城市建设用地集约性评价指标体系研究——基于规划编制和规划管理的视角［J］. 城市规划学刊, 2012（4）: 86－91.

[164] 汪波，郑家响. 我国大城市土地集约利用评价研究 [J]. 北京科技大学学报(社会科学版)，2006，22 (1)：24 - 28.

[165] 王放. 中国城市化与可持续发展 [M]. 北京：科学出版社，2000.

[166] 王昆，陈银蓉. 开发区土地集约利用评价研究——以武汉经济技术开发区为例 [J]. 国土资源科技管理 2008，25 (6)：22 -26.

[167] 王力，牛铮，尹君，等. 基于 RS 和 ANN 的城市土地集约利用潜力评价 [J]. 重庆建筑大学学报，2007，29 (3)：32 -35.

[168] 王梅，曲福田. 昆山开发区企业土地集约利用评价指标构建与应用研究 [J]. 中国土地科学，2004，18 (6)：22 -27.

[169] 王明舒，朱明. 利用云模型评价开发区的土地集约利用状况 [J]. 农业工程学报 2012，28 (10)：247 - 252.

[170] 王铁成，吴群，何守春. 城市建设用地集约利用评价研究——以无锡市为例 [J]. 广东土地科学，2007，6 (3)：10 - 14.

[171] 王万茂，张颖，王群. 基于经济增长的产业用地结构预测研究 [J]. 中国土地科学，2005，(19) 4：3 - 8.

[172] 王兴平，崔功豪. 中国城市开发区的空间规模和效益研究 [J]. 城市规划，2003，27 (9)：6 - 11.

[173] 王业侨. 节约和集约用地评价指标体系研究 [J]. 中国土地科学，2006，20 (3)：24 - 31.

[174] 魏农建. 产业经济学 [M]. 上海：上海大学出版社，2008.

[175] 吴次芳，许红卫，唐根年. 城市零售商业用地的区位评价方法及其应用 [J]. 城市规划汇刊，1995，1：51 - 54.

[176] 吴良镛. 吴良镛城市研究论文集 [M]. 北京：中国建筑工业出版社，1996.

[177] 吴旭芬，孙军. 开发区土地集约利用探讨 [J]. 中国土地科学，2000，14 (2)：17 - 21.

[178] 吴学花，杨蕙馨. 中国制造业产业集聚的实证研究 [J]. 中国工业经济，2004，10：36 - 43.

[179] 吴郁玲，曲福田. 江苏省开发区土地利用集约度的评价研究 [J]. 长江流域资源与环境，2006，15 (6)：703 - 707.

[180] 武文杰，张文忠，刘志林，等. 北京市居住用地出让的时空格局演变 [J]. 地

理研究, 2010, 29 (4): 683 - 692.
[181] 向德平. 城市社会学 [M]. 武汉: 武汉大学出版社, 1994.
[182] 谢敏, 郝晋珉, 丁忠义, 等. 城市土地集约利用内涵及其评价指标体系研究 [J]. 中国农业大学学报, 2006, 11 (5): 117 - 120.
[183] 谢敏, 郝晋珉, 郭文华. 大同市建成区城市土地利用集约度宏观评价研究 [J]. 国土资源情报, 2009 (9): 26 - 30.
[184] 谢忠镖, 滕清安. 城市发展用地评价指标体系及方法研究 [J]. 经济地理, 2001, 21: 226 - 228.
[185] 徐慧, 黄贤金, 姚丽, 等. 江阴市电力行业用地集约利用评价 [J]. 中国土地科学 2010, 24 (1): 43 - 49.
[186] 徐潇瑾, 潘润秋. 基于熵值法和统一理想值的开发区土地集约利用评价 [J]. 国土资源科技管理, 2011, 28 (3): 52 - 56.
[187] 许学强. 城市地理学. 第二版. [M]. 北京: 高等教育出版社, 2009.
[188] 许月卿, 王静, 崔丽, 等. 基于多元数据集成的农用地集约利用评价——以北京市平谷区为例 [J]. 资源科学, 2009, 31 (7): 1117 - 1124.
[189] 薛俊菲, 邱道持, 卫欣, 等. 小城镇土地集约利用水平综合评价探讨 [J]. 地域研究与开发, 2002, 21 (4): 47 - 51.
[190] 杨立勋. 城市化与城市发展战略 [M]. 广州: 广东高等教育出版社, 1999.
[191] 杨庆媛, 鲁春阳, 龙拥军. 城市用地结构与产业结构耦合关系的实证研究 [J]. 今日国土, 2010.
[192] 杨重光. 社会主义城市经济学 [M]. 天津: 南开大学出版社, 1990.
[193] 佚名. 关于开展全国城镇存量建设用地情况专项调查工作的紧急通知 [J]. 北京房地产, 2005 (1): 126 -127.
[194] 佚名. 省级政府耕地保护责任目标考核办法 [J]. 中华人民共和国国务院公报, 2005 (35): 45 -46.
[195] 于文金, 邹欣庆. 江苏海岸带新兴开发区环境预警模式研究 [J]. 长江流域资源与环境, 2007, 16 (6): 775 - 780.
[196] 负小苏, 廖永林, 郑凌志, 等. 城市土地集约利用潜力评价理论、方法与实践 [M]. 北京: 中国大地出版社, 2009.
[197] 袁丽丽. 产业变迁与城市用地结构优化研究 [J]. 广东土地科学, 2006, 5

(4): 9 – 14.

[198] 苑希民，李鸿雁，刘树坤. 神经网络和遗传算法在水科学领域的应用 [M]. 北京: 中国水利水电出版社, 2002.

[199] 翟文侠，黄贤金，张强，等. 城市开发区土地集约利用潜力研究——以江苏省典型开发区为例 [J]. 资源科学, 2006, 28 (2): 54 – 60.

[200] 翟文侠，黄贤金，张强，等. 基于层次分析的城市开发区土地集约利用研究——以江苏省为例 [J]. 南京大学学报 (自然科学版), 2006, 42 (1): 96 – 102.

[201] 翟文侠，黄贤金，张强，等. 开发区土地集约利用研究——以江苏省为例 [J]. 地域研究与开发, 2006, 25 (1): 101 – 105.

[202] 张海兵，鞠正山，张凤荣. 中国社会经济结构与土地利用结构变化的相关性分析 [J]. 中国土地科学, 2007, 21 (2): 12 – 17.

[203] 张虹. 产业用地布局优化研究——以合肥市为例 [D]. 北京: 中国农业大学, 2012.

[204] 张军连，林培. 土地生产潜力评价中土壤修正系数模型的研究 [J]. 自然资源学报, 1994, 9 (3): 260 – 270.

[205] 张蕾. 中国优秀旅游城市体系分析 [J]. 城市问题, 2005 (5): 33 – 37.

[206] 张清军，曹秀玲，鲁俊娜. 河北省农村居民点用地集约利用评价 [J]. 农业工程学报, 2010, 26 (7): 312 – 317.

[207] 张晓平，陆大道. 开发区土地开发的区域效应及协同机制分析 [J]. 资源科学, 2002, 24 (5): 32 – 38.

[208] 张颖，王群，王万茂. 中国产业结构与用地结构相互关系的实证研究 [J]. 中国土地科学, 2007, 21 (2): 4 – 11.

[209] 章牧，骆培聪，颜志森，等. 城市土地集约利用评价 [J]. 福州师范大学学报 (自然科学版), 2001, 17 (4): 104 – 109.

[210] 章牧. 城市土地集约利用宏观评价的设计与实现 [J]. 广西师范学院学报 (自然科学版), 2003 (20): 111 – 116.

[211] 赵鹏军，彭建. 城市土地高效集约化利用及其评价指标体系 [J]. 资源科学, 2001, 23 (5): 23 – 27.

[212] 赵姚阳，濮励杰，卜崇峰. 基于模糊逻辑的城市土地集约化利用评价——以江苏省地级城市为例 [J]. 人文地理, 2006 (87): 17 – 20.

[213] 赵玉林. 产业经济学. 第3版. [M]. 北京：中国人民大学出版社，2014.
[214] 甄江红，成舜，郭永昌，等. 包头市工业用地土地集约利用潜力评价初步研究 [J]. 经济地理，2004，24（2）：205－253.
[215] 郑荣宝，陈美招. 广州市建设用地集约利用评价与预警研究 [J]. 土壤通报，2012，43（1）：107－113.
[216] 郑荣宝，刘毅华，董玉祥. 广州市土地安全预警系统与RBF评估模型的构建 [J]. 地理科学，2007，27（6）：774－778.
[217] 郑新奇. 城市土地优化配置与集约利用评价 [M]. 北京：科学出版社，2004.
[218] 郑泽庆，黄贤金，钟太洋，等. 我国城市土地集约利用评价研究综述 [J]. 山东师范大学学报（自然科学版），2008，23（3）：89－93.
[219] 中国大百科全书编辑部. 中国大百科全书（经济学版）[M]. 北京：中国大百科全书出版社，1988.
[220] 中华人民共和国国土资源部. 2009年国土资资源公报 [Z]. 北京：中华人民共和国国土资源部，2010.
[221] 中华人民共和国住房和城乡建设部. 2010年中国城市建设统计年鉴 [M]. 北京：中国计划出版社，2011.
[222] 周生路. 土地评价学 [M]. 南京：东南大学出版社，2006.
[223] 周杨杨. 基于城乡统筹规划的土地分类统一性的研究 [D]. 广州：华南理工大学，2010.
[224] 周一星. 城市地理学. 第二版. [M]. 北京：高等教育出版社，2009.
[225] 周一星. 城市地理学 [M]. 北京：商务印书馆，1995.
[226] 周子英，朱红梅，谭洁，等. 基于人工神经网络的长株潭城市土地集约利用评价 [J]. 湖南农业大学学报（社会科学版），2008，9（6）：71－74.
[227] 朱红梅，周子英，黄纯，等. BP人工神经网络在城市土地集约利用评价中的应用——以长沙市为例 [J]. 经济地理，2009，29（5）.
[228] 朱荣勤，杨兴权. 土地的集约化利用 [J]. 国土经济，1996，(4)：55－58.
[229] 朱铁臻. 城市现代化研究 [M]. 北京：红旗出版社，2002.
[230] 宗毅. 我国城市土地集约利用的理论分析与评价研究 [D]. 天津：天津大学，2005.
[231] 邹德慈. 城市规划导论 [M]. 北京：中国建筑工业出版社，2002.

附 图

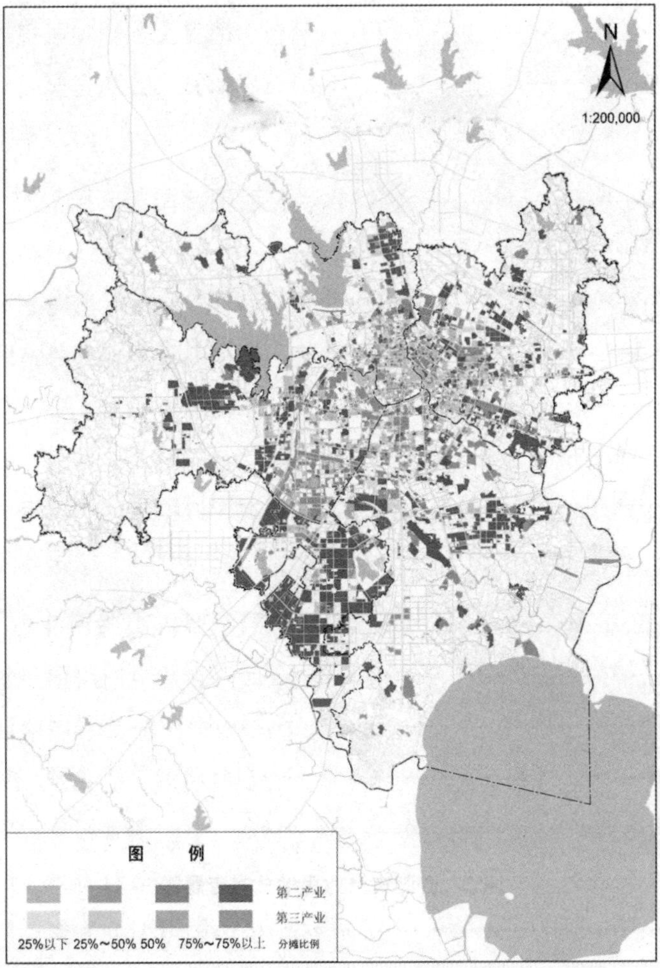

图1 合肥市产业用地现状分布图

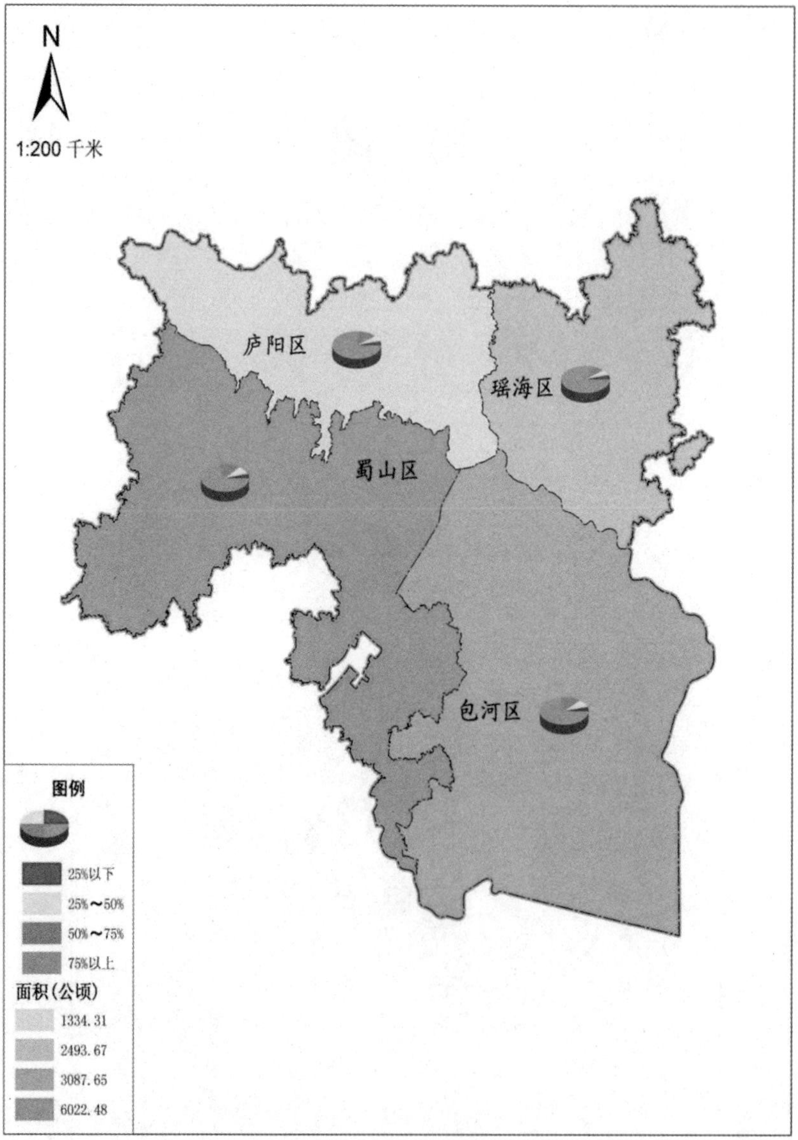

图2　合肥市产业用地分布专题图

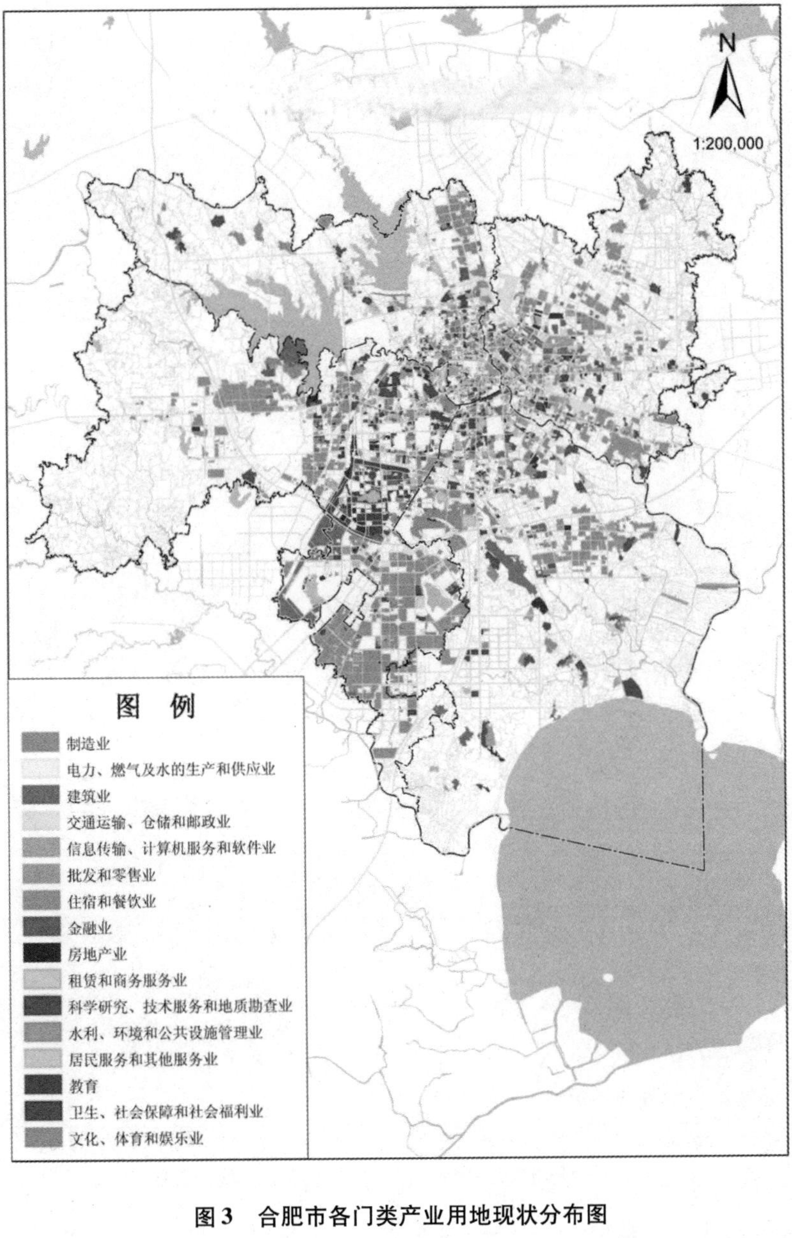

图 3　合肥市各门类产业用地现状分布图

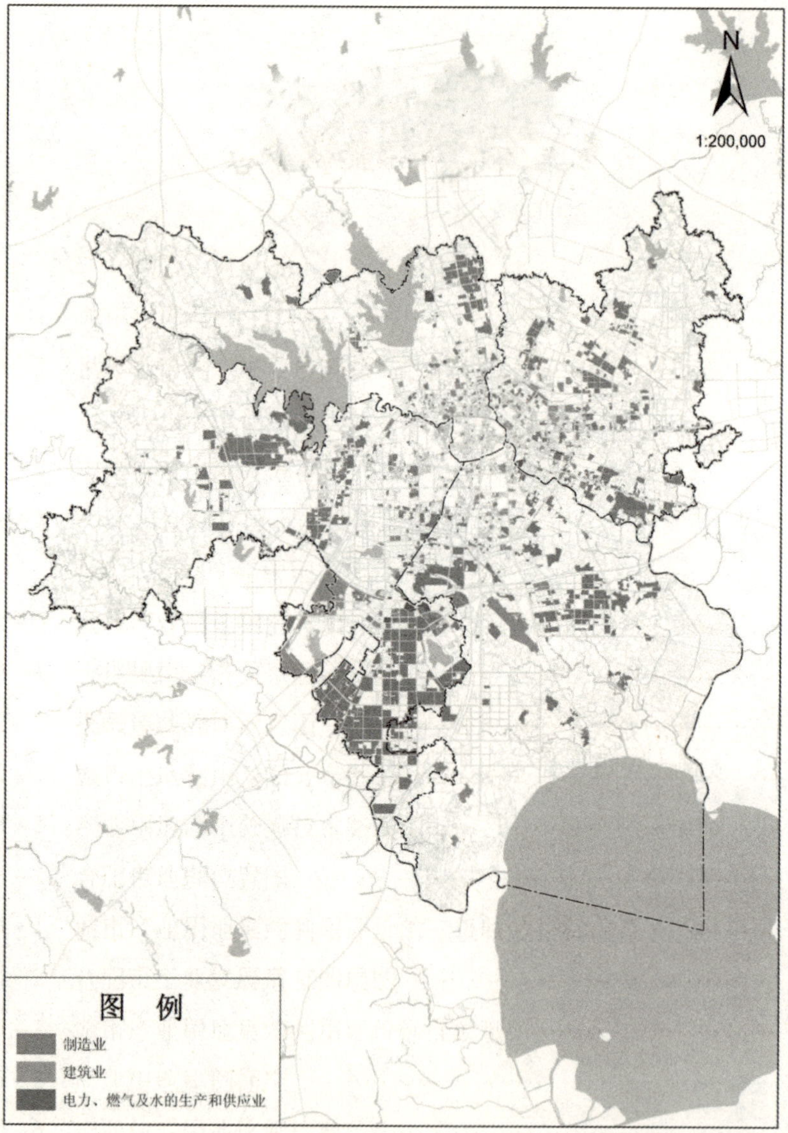

图4　合肥市第二产业各门类产业用地现状分布图

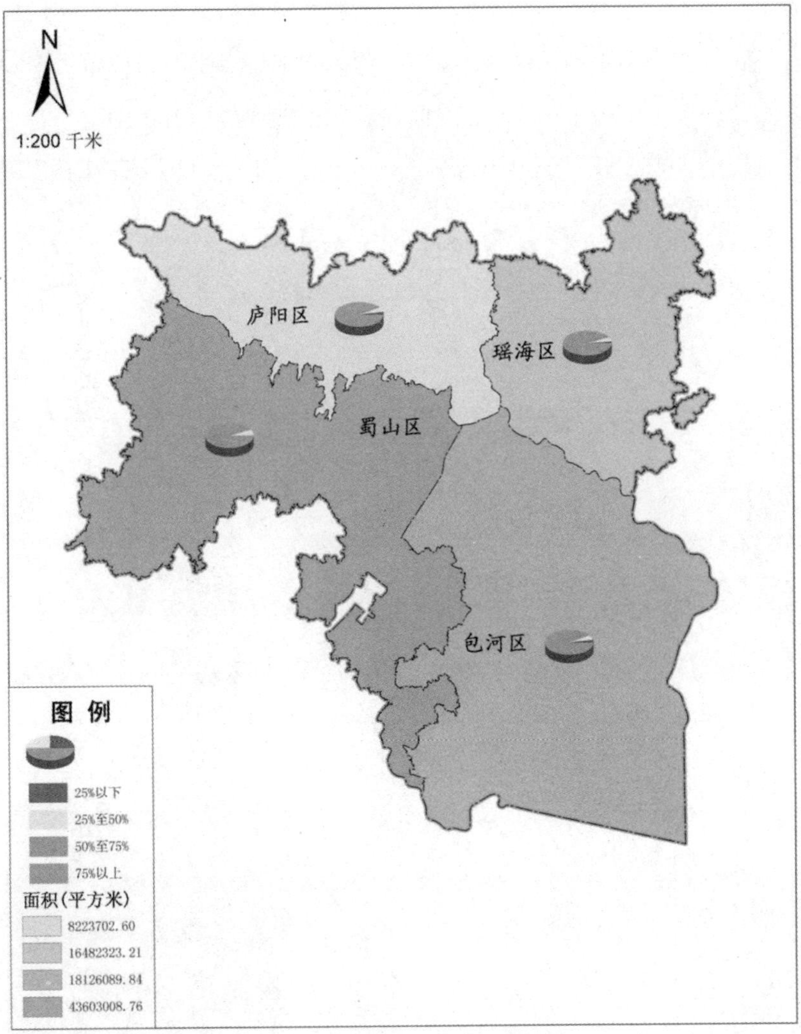

图5　合肥市第二产业分布专题图

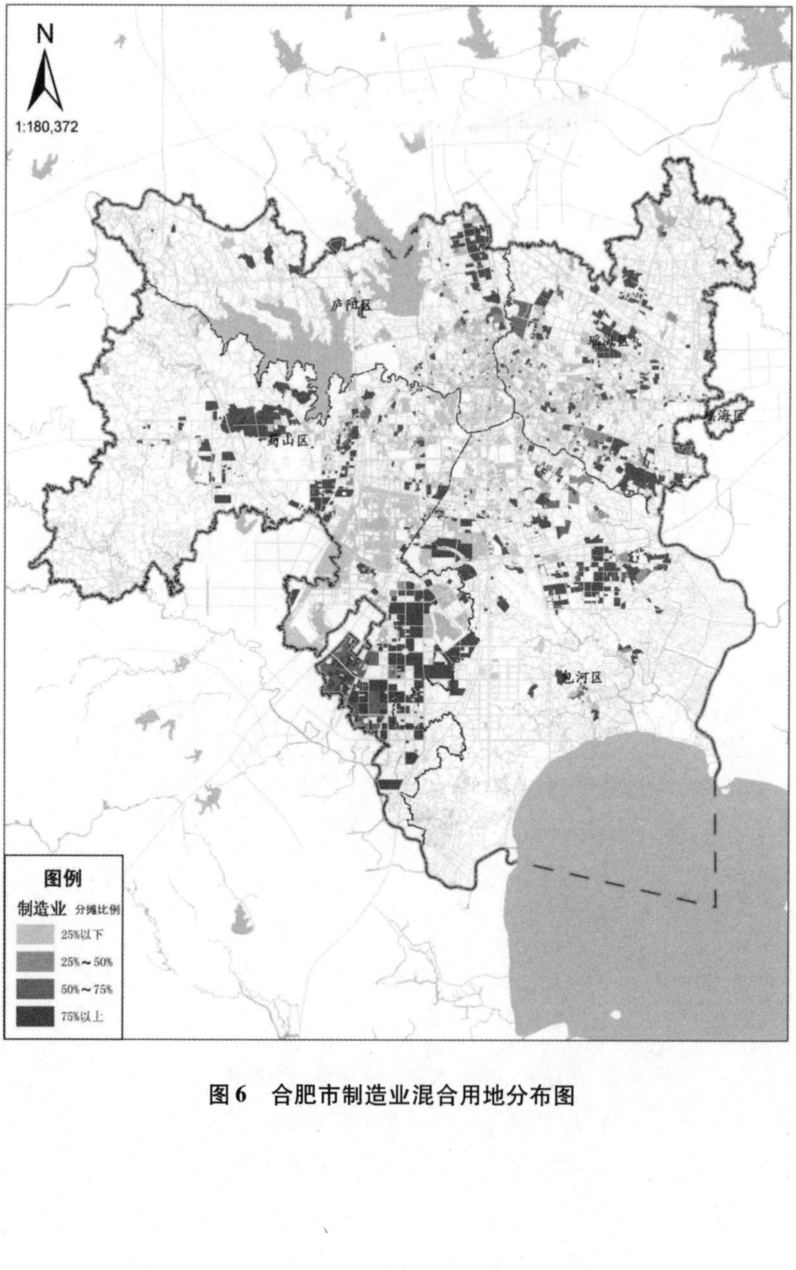

图 6　合肥市制造业混合用地分布图

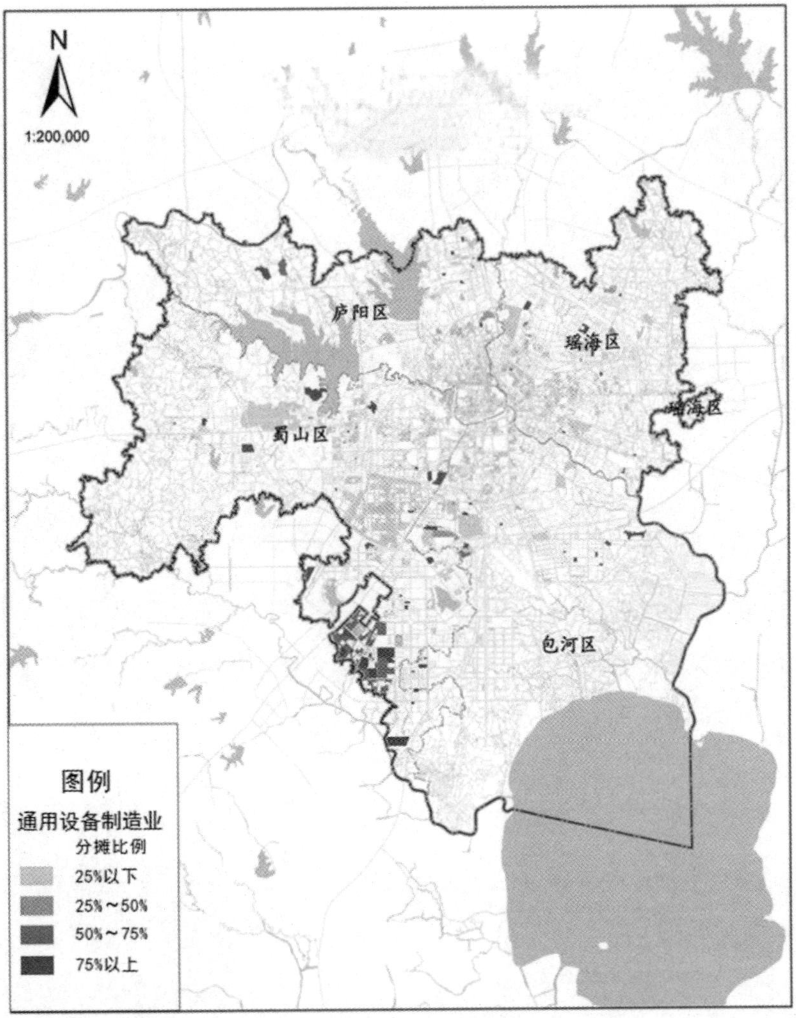

图 7　合肥市通用设备制造业混合用地分布图

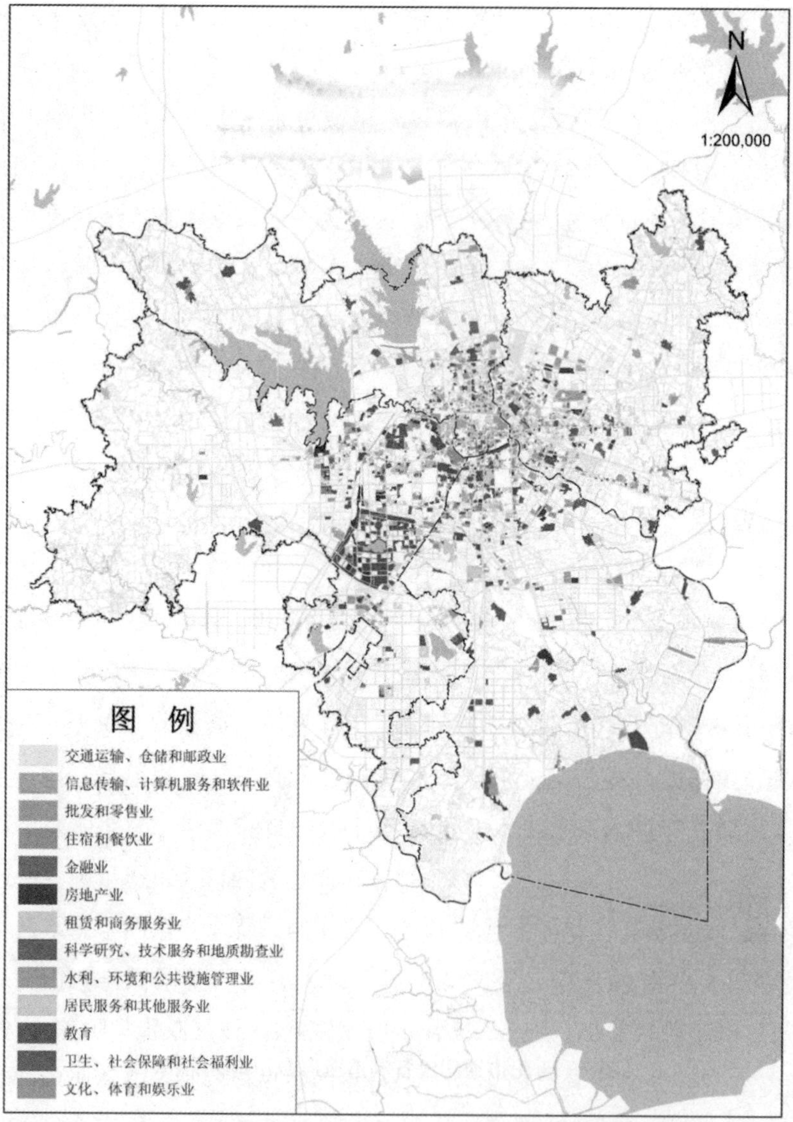

图 8　合肥市第三产业各门类产业用地分布图

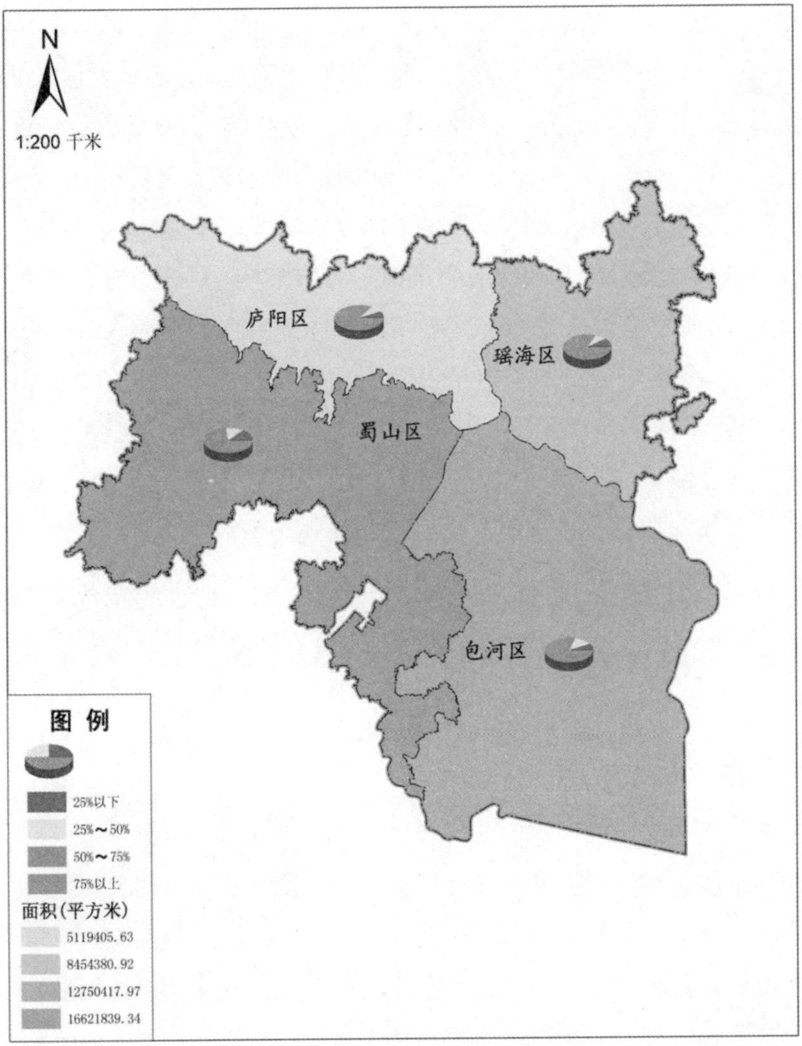

图9　合肥市第三产业用地分布专题图

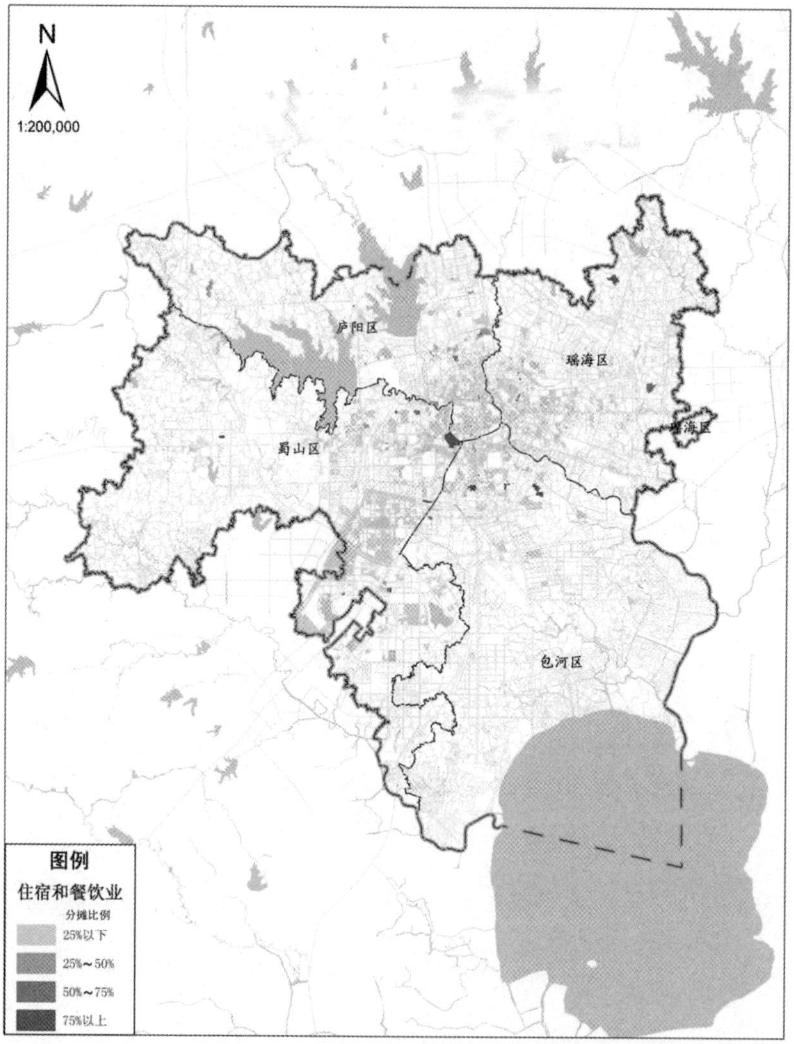

图 10　合肥市住宿餐饮业混合用地分布图

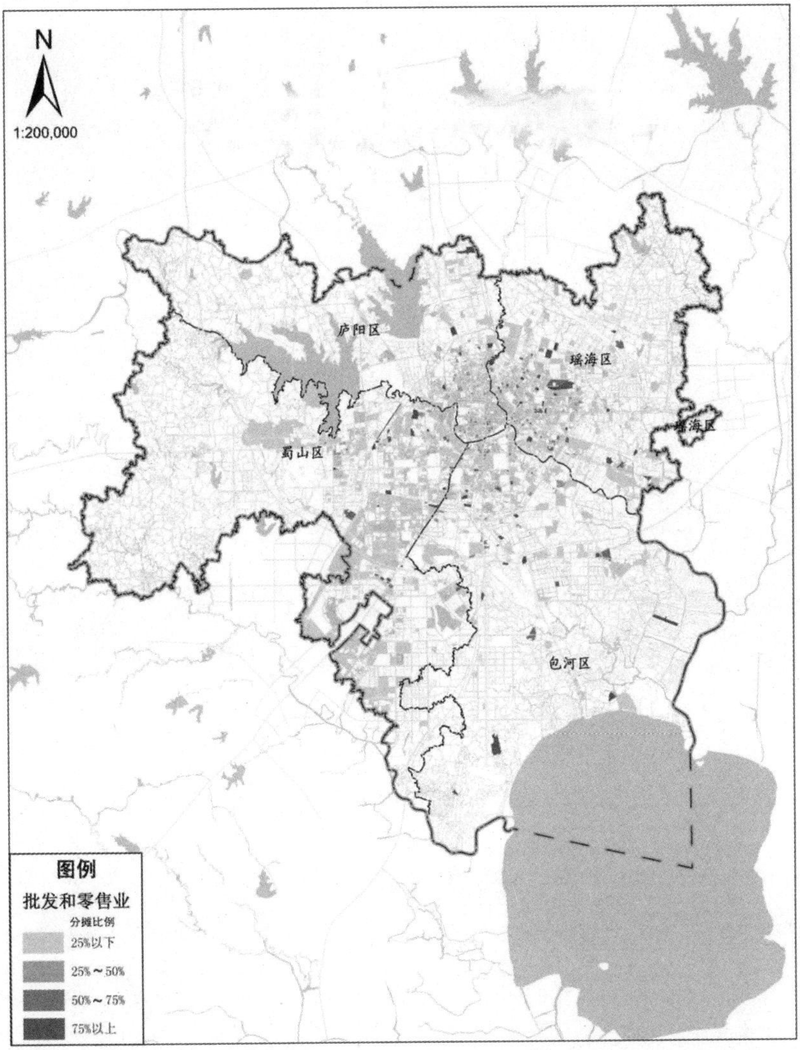

图 11　合肥市批发零售业混合用地分布图